KANKOKUGO
JOURNAL
2023

JN107605

2002年6月、日韓共催のサッカーW杯開催の
タイミングで創刊した『韓国語ジャーナル』は、
2013年3月の44号まで季刊誌として年4回刊行。
その後、いったん約7年間休刊しました。

そして、2019年12月に『韓国語ジャーナル2020』として
復刊してからは、年1回のペースで刊行してきました。

今号の『韓国語ジャーナル2023』では、
ONFのUさんが表紙モデルに登場。
K-POPボーイズグループの一員としての活動についてのお話に加え、
韓国語にまつわるお話をたっぷり伺っています。

この一冊で、「ナチュラルな韓国語」と
「バラエティ豊かな韓国カルチャー」をお楽しみください!

韓国語ジャーナル
2023

Contents

 特集

韓国語で
新しい世界を開こう

「おうちで韓国語レッスン」して、実際に使ってみよう！
韓国語で表現したくなるテーマを揃えました。

105

ラジオ番組のような形で
お届けする音声プログラム
Voice of KJ 2023
⬇DL01

DJ：Mina Furuya ホミン
★韓国語スクリプト＋日本語対訳★

▍音声・スクリプトのダウンロードについて

『韓国語ジャーナル2023』の「Voice of KJ音声」と「学習用音声」は、すべて「アルク　ダウンロードセンター」からダウンロードしてご利用いただけます（パスワードが必要です）。PCでもスマートフォンでもOK！　スマートフォンでご利用の場合は、アプリ「ALCO for ダウンロードセンター」をインストールしていただくと大変便利です。詳細はp.104をご覧ください。

ダンスを踊っているときは
まるで「異世界」に
いるみたいです

U(ONF)

⬇ DL04

取材・文／藤田麗子
写真／キム・ジヒョン
コーディネート／YUI MEDIA

海を渡って見つけた
「アイドル」の夢

6人組ボーイズグループONF(온앤오프)のメンバーとして、2017年に韓国でデビューしたUさん。唯一の日本人メンバーかつ最年少でありながら、グループのパフォーマンスを率いるメインダンサーとして存在感を発揮している。

ONFは2020年にK-POPグループのサバイバル番組「Road to Kingdom」で準優勝を収めて注目を浴び、その翌年に韓国人メンバー5人がそろって入隊した。

彼らの除隊を待ちながら、1年半ソロ活動をすることになったUさんは、KBS Cool FM「STATION Z」の月曜パーソナリティーとしてラジオのレギュラー番組「ONF UのNight Flight」を持つなど、流暢な韓国語を生かして活躍中だ。

韓国語が話せない状態で渡韓

「初めて韓国に来たのは2014年の1月。まったく韓国語が分からない状態でした。辛い食べ物などにはすぐ慣れたのですが、他の練習生や事務所の皆さんとコミュニケーションが取れなくて、言語面では苦労しましたね。最初は名前を覚えるのも難しかったです」

中学校の卒業式を終えて本格的に韓国で練習生生活をスタートし、教科書に沿って一から韓国語を学んだ。先生がネイティブスピーカーだったため、レッスンはほぼ韓国語だけで進行。ハードルは高かったが、その分上達も早かったようだ。

「分からない部分を先生に質問すると、その説明も韓国語なので、初めのうちはほとんど聞き取れないこともありました。でも、それがかえって良かったみたいです」

その頃習った韓国語で印象に残っているのは、サツマイモを意味する「コグマ(고구마)」だそう。

「教科書で『コグマ』という単語を見たとき、何だか響きが不思議で面白いなと思って。当時、PENTAGONのユウト兄さんと一緒に韓国語のレッスンを受けていたのですが、『これ、面白いね』と盛り上がったことを覚えています」

ラジオ番組を一人で進行

人並み外れた努力を重ね、短期間で実践的な韓国語をマスターしたUさん。2022年8月からは、ラジオ番組「ONF UのNight Flight」のパーソナリティー「U機長(유기장님)」として、60分番組の進行を毎週韓国語のみでこなすという、前代未聞の挑戦を続けている。

「話すことが好きなので、いつかラジオをやってみたいなという気持ちはありましたが、実際にお話をいただけるとは思ってもみませんでした。現場でラジオブースを前にしたときはものすごく緊張しましたね。回を重ねるうちに慣れてきて、最近は少しリラックスできるようになってきました。ラジオブースは外に面しているので、ファンの皆さんが応援してくださっているのが見えるんです。『寒くない?』と聞いても『大丈夫!』と元気に答えるファンの皆さんのおかげで、楽しく番組を進行しています」

小学生低学年の頃から ダンスと歌のレッスンへ

グループ内では、ダンスリーダーとして年上のメンバーたちを引っ張る役割も果たしてきたUさん。最近はONFの名を背負い、ソロダンサーとしても目覚ましい活躍を見せている。

「1人で活動する期間の目標として、僕のダンスをもっとたくさんお見せしたいという思いがありました。Mnetの『Be Mbitious』というダンスサバイバル番組に挑戦したり、ダンスフィルムを作ってONFの公式YouTubeチャンネルで公開したり、ダンサーとしての活動にも集中的に取り組んでいます」

初めてダンスに出会ったのは、小学校低学年の頃。母の勧めでダンススクールに通い、バックダンサーとして活動するようになった。

「僕は3人兄弟なのですが、母が全員にダンスと歌を習わせたんです。兄と弟はもうやりたくないと言って途中で辞めて、僕も初めは

やりたくなかったんですが（笑）、続けているうちに楽しくなってきて。幼い頃はタンブリングもやっていて、跳躍や回転も習いました。日本にいた頃は歌よりもダンスのほうが好きで、ダンサーとしての活動が多かったんです。韓国に来てK-POPの魅力を強く感じてから、歌って踊るアイドルになりたいというはっきりした目標ができた気がします」

そんなUさんは、ダンスを踊るひとときを「異世界」とファンタジックに表現する。

「僕にとって、ダンスはステージにいる瞬間。ステージでダンスを踊っている時間は何だか現実ではないような、しばらく異次元の世界に行って戻ってくるような……

そんなふうに感じるときがあるんです」

5人の除隊を待ちながら

兵役中のメンバーが全員除隊してONFの6人がそろうのは、2023年6月27日。自分以外の5人がほぼ同時に入隊すると決まったときは不安もあったというUさんだが、グループのための選択を前向きに受け止めた。

「僕はグループとして活動できることがすごく幸せなので、最速で完全体の活動を再開できる形になって良かったなと思いました。兄さんたちの年齢が近いから可能なことだったと思います。ずっと

みんな一緒に活動していたから、最初は急に独りぼっちになるような心細さもありましたが、ファンの皆さんが『一緒に待つよ。頑張ろう』と言ってくれたおかげで不安や寂しさが消えました」

5人が兵役の話をしているときはあえて加わらず、静かに入隊を見守ったという。

「入隊日がいちばん早かったのがMK兄さんで、他のメンバーたちは『あと10日だよ』『あと1日だよ』とカウントダウンしてからかっていたのですが、僕は何も言いませんでした。軍隊に行かない立場の僕が言っていいことではないと思ったので……。頭を丸刈りにするときも、他の兄さんたちがバリカンで髪を刈ってあげていて、『ユウト

（Uさんの本名）もやりなよ』と言われたのですが、『僕はいいよ〜』と遠巻きに見ている感じでしたね」

ONFの第2幕が
スタートする

入隊後もメンバーから頻繁に連絡があり、それぞれ休暇のたびに会いに来てくれたこともあって、想像していたような寂しさは感じなかったようだ。くすくす笑いながら、メンバーのほぼ全員に共通点があると明かしてくれた。

「会うなり体を見せてくるんです。『筋肉ついただろ？』って。軍隊でたくさん運動をしているそうです。

だから最初は『がっちりしたね』と言ったりしていたんですが、何回も見せてくるのでそろそろリアクションに困っています（笑）。『変わってなくない？』とか言いながら、筋肉自慢をよく聞いていますね」

1年半のブランクを経て、いよいよグループ活動が再開する。ソロ活動を経て一回り大きく成長したUさんに、完全体ONFとしての今後の目標を聞いた。

「デビューからこれまでの活動は第1幕。兄さんたちが除隊したら、第2幕がスタートすると考えています。第2幕では韓国のファン、そして海外のファンの皆さんにもっとたくさん会って、活発に活動をしたいと願っています」

ONFのメンバー。左から
WYATT、E-TION、MK、
U、J-US、HYOJIN

Discography

Special Album
Storage of ONF
（韓国盤）

Information

韓国・KBS Cool FM ラジオ番組「ONF U の Night Flight（온앤오프 유의 Night Flight）」にUさんが好評出演中です。本放送は月曜日深夜24時より。携帯アプリ「KBS kong」やYouTubeで日本からも「見えるラジオ」形式でお聞きいただけます。過去の放送はYouTubeでチェック！

Uさんが、PENTAGONのユウト兄さんとともに、2023年4月22日スタートの"K-POP特化型"音楽番組「THE KLOBAL STAGE」（テレビ東京系、毎週土曜深夜2時15分〜）の番組MCを担当。お楽しみに！

U（ONF）

1999年3月16日、大阪府生まれ。AB型。韓国の6人組ボーイズグループONFのキュートで大人っぽい、末っ子にしてダンスリーダー。動画編集、整理整頓、料理もお手のもの！

ONF（온앤오프）

2017年8月デビュー。「Beautiful Beautiful」「Ugly Dance（춤춰）」「We Must Love（사랑하게 될 거야）」「Moscow Moscow」をはじめ、数々の名曲を発表してきたことから「명곡 맛집」（名曲の宝庫）として知られる。同伴入隊で話題となった5人のメンバー、HYOJIN・E-TION・J-US・WYATT・MKが2023年6月、復帰予定。完全体での活動再開が待たれる。ファンダム名はFUSE（퓨즈）。

ONF JAPAN
OFFICIAL SITE
https://onf-official.jp/

DL10

演技と歌に真摯に向き合う
ストイックさと温かさを兼ね備えた俳優

イ・チュンジュ

インタビュー／キム・テイ
文／藤田麗子
写真／キム・ジヒョン
コーディネート／YUI MEDIA

アジア初演『ムーラン・ルージュ！』クリスチャン役で観客を魅了

　トニー賞で最多10冠に輝いた超話題作『ムーラン・ルージュ！』の韓国キャスト版が2022年12月〜2023年3月、ソウルで上演された。

　2018年にボストンで初演され、翌年ブロードウェイに進出したジュークボックス・ミュージカルの記念すべきアジア初演。イ・チュンジュさんは、7、8カ月にわたるオーディションを勝ち抜き、主人公のクリスチャン役を射止めた。

　「ここまで必死にオーディションの準備をしたことはなかったような気がします。絶対にやりたいという気持ちが強くて、落ちても悔いが残らないように自分の力を出し切りました。10代の頃に観た原作映画もとても面白かったし、ストーリーも僕好み。音楽的にも僕がいちばん楽しく歌えるジャンルです。約70曲のポップソングを使ったミュージカルなので、うまく表現できそうな気がしました」

2週間半の台本読み込み作業

　『ムーラン・ルージュ！』で描かれるのは、作家のクリスチャンがパリに到着したとたんに巻き起こる物語。役作りの際は原作映画にとらわれることなく、さまざまな角度からアプローチを試みたという。

　「稽古に入る前、海外クリエイティブスタッフとの打ち合わせが2週間半以上ありました。『クリスチャンはどんな経緯でモンマルトルに来たと思う？』『何に乗って来たのかな？』。『船だと思う』と答えると、『何時に？』というふうに、深く掘り下げていく作業を台本の1幕から2幕まで全部やりました」

『タイタニック』を参考に

　演じる役柄に似たキャラクターを身近な人々や映画の中から探し出し、しぐさやクセを演技に取り入れることも多いという。

　「今回は身振り手振りを多めにしました。クリスチャンをアクティブな人物に見せたくて、参考にしたのは映画『タイタニック』のジャック。ポーカーに勝って出港直前にタイタニック号の乗船券を手に入れ、婚約者のいる上流階級の女性と出会う……。いろいろな部分がクリスチャンによく似ている気がして。演出部にOKをもらっ

て、自分ならではの色付けをしていきました」

進路選択に悩んだ高校時代

　釜山芸術高校の音楽科でバイオリンを専攻していたが、3年生のとき声楽専攻に変更。慶熙大学声楽科に入学し、在学中にミュージカルデビューしたという珍しい経歴を持つイ・チュンジュさん。

　「正直バイオリンは専攻したと言えるレベルではないので、お恥ずかしいです。自分で言うのも何ですが、僕は何かを始めたときの飲み込みが早いほうなんです。それでバイオリンの習得も早くてすんなり芸術高校に合格しましたが、いざ入学したら自分の道ではないことにすぐ気付きました。当時は大学進学も重要な課題だったし、バイオリンでは大学に行けそうにないなと。周りに歌をやっている友達がいて、僕も歌が好きだったので、やってみたいと思うようになったんです」

　当時は実用音楽やミュージカルを専門的に学べる大学がほとんどなかった。

　「それで声楽科に入りましたが、

これもまた自分の道ではないと分かって（苦笑）。実技試験に合格するために声楽のレッスンを受けて、毎日死ぬほど頑張ったのに、入学してから気付いたんです。本来は歌謡やポップスが好きだったので、外国語の歌を声楽の歌唱法で歌うという壁にぶち当たりました」

ミュージカルとの出会い

そんな中、ひょんなことから出演することになったミュージカル

『春のめざめ』が彼を現在の成功へと導いた。

「『春のめざめ』はミュージカルでありながら演劇的な作品です。僕は両親が見に来ても見つけられなさそうなバックコーラス役でしたが、メインキャストの一人にチョ・ジョンソク兄さんがいて。そのとき初めて『演技がうまくなりたい』という気持ちが芽生えました。当時出演していた先輩方は今や第一線で活躍するスター。右も左も分からないデビュー初期にそんな方々の演技を間近で見た僕は、ミュー

ジカルはあんなふうにやるべきなんだな、僕は演技力が足りないなと思うようになったんです。それで、次の作品に演劇を選びました」

こうしてミュージカルと演劇の舞台を行き来しながら、歌と演技の実力を磨き続けてきた。

「その8、9年後にジョンソク兄さんと演劇『アマデウス』でモーツァルトとサリエリとして再会できたときは感無量でした。今回の『ムーラン・ルージュ！』で尊敬するホン・グァンホ兄さんとダブルキャスティングされたのも、ものすごく感慨深くて光栄なことです」

2017年には音楽バラエティ番組「ファントムシンガー2」に出場して決勝ラウンドまで進出し、高い歌唱力で大きな印象を残した。2021年にはスエ主演の「工作都市〜欲望のワルツ〜」でドラマに初挑戦するなど、活躍の場を広げている。

「今でもたまに『ファントムシンガー、見ましたよ』と声をかけられます。ものすごく視聴率が高かったというわけじゃないのに数秒の映像だけでも大きな反響があって、

番組で僕を知ったことをきっかけに公演を見に来てくださった方もいました。『工作都市』では検事役を演じたのですが、『検事さんですよね？』と聞かれたことがあって本当に驚きました。思いがけず声をかけていただくことが増えて、少し不思議な気分ですね」

テレビの影響力を実感し、自分の活動を広く知らせることの大切さに気付いたという。

「以前はテレビで活動することをまったく視野に入れていなくて、人に誘われて出演しただけだったのですが、今ではいい機会があればぜひ出演したいと考えるようになりました。観に来てくれる人がいるからこそ僕が舞台に立てるわけですし、ミュージカルや演劇の仕事をするためにも自分の存在を知らせていくべきだなと思っています」

川越でうなぎを堪能
『孤独のグルメ』聖地巡りも

2022年9月には、東京・高円寺で単独公演「イ・チュンジュのピクニック」を開催。3年ぶりに日本のファンと再会を果たした。

「ずっと日本に行けなかったので、僕のことをまだ覚えていてくれるだろうか、誰も来てくれないかもしれないと心配していたのですが、ファンの方々が会場をいっぱいにしてくださって、とても感動しました」

自由時間には久しぶりに街歩きを楽しんだ。現代的な最新スポットよりも、長い歴史のある老舗や日本ならではの文化が感じられる場所を訪れるのが好きだという。

「埼玉の川越では、創業100年以

上のうなぎ屋さんに連れて行って
もらって、すごくおいしいうな重
を食べました。一人で漫画『孤独
のグルメ』に出てきた渋谷の食堂
にも行ってきたんですよ。看板も
店内も漫画とまったく同じで、不
思議な気分でした。漫画に出てき
た料理を注文して食べて、楽しく
リフレッシュできました」

舞台は僕の故郷のような存在

　来日コンサートの再開に続き、
「いつか日本でミュージカルをした
い」という夢もいよいよ実現する。
2014年から韓国で出演してきた
ミュージカル『DEVIL』の日本バー
ジョンが2023年6〜7月に大阪と
東京で上演されることになった。

　「ミュージカルを始めてから1、
2年目ぐらいまでは、この仕事が本
当に自分に合っているのだろうか
と悩んでいました。いまだに自問
することもありますが、楽しく幸せ
にやれているんだから、いろいろな
可能性に挑戦しながら気楽にやっ
ていこうと思えるようになりました。
いずれにしても、舞台は僕にとって
故郷のような存在になってしまっ
たから。とても幸せです。歌って演
じられること、それを見てくれる人
がいるというのは本当にありがた
いことだなと感じています」

イ・チュンジュ　이충주
1985年8月27日生まれ。釜山で育ち、釜山芸
術高校音楽科を経て慶熙大学声楽学科を卒
業。2009年、ミュージカル『春のめざめ』でデ
ビュー。以降、数多くの名作ミュージカルや演
劇の舞台に立つ。2017年にはJTBCのサバイ
バルオーディション番組「ファントムシンガー
2」への出演が話題に。さらにドラマにも挑戦
するなど、幅広く活躍している。
2022年、日本で単独公演「イ・チュンジュの
ピクニック」を開催。2023年6〜7月、ミュー
ジカル『DEVIL』大阪・東京公演への出演が決
まっている。

ソン・シギョンの

「モグルテンデ」
KJ出張編

먹을텐데

↓DL20

ソン・シギョンさんのYouTubeチャンネルで大好評、80回以上を数えるモッパン(먹방:食べる動画)企画「モグルテンデ(먹을텐데)」が満を持して韓国語ジャーナルに登場！ 韓国芸能界で無類のグルメとして知られるソン・シギョンさんが、韓国語ジャーナルの読者の皆さんにおすすめしたいお店を5つピックアップ。次のソウル旅行の「行きたいところリスト」にぜひ入れてくださいね。

取材・文／藤田麗子　写真／キム・ジヒョン　コーディネート／YUI MEDIA

01
대성집
テソンチプ

記念すべき第1回の「モグルテンデ」で訪れた食堂。牛の膝軟骨とその周囲の肉に牛スジ肉などを加えて、じっくり煮込んだ도가니탕(トガニタン)というスープの名店です。

日本から出張に来たスタッフを連れて行くとすごく喜ばれますね。ソルロンタンは食べたことがあっても도가니탕は初めてという方が多いですが、スープがすっきりしていておいしいと好評です。수육(茹で牛肉)も絶品で、焼酎を注文せずにはいられません。

創業70年を超える老舗で、今でも行列ができています。店主に電話で取材を申し込んだときは「これ以上忙しくなると困るから」と断られたのですが、会ってお願いしたら「いいよ」と言っていただけて感謝しています。幼い頃から両親とよく来ていて30年通っているので、特別にOKしてくれたみたいです。

DATA

대성집

住所:서울특별시 종로구 사직로 5
電話番号:02-735-4259
最寄駅:地下鉄3号線 独立門 (독립문) 駅
定休日:日曜

02 서린낙지
ソリンナクチ

テナガダコを甘辛く炒めた낙지볶음（ナクチポックム）の専門店。大学時代によく通っていたのですが、味も当時のままなのがうれしいです。20代前半の思い出の味ですね。

僕が食べても辛いので、日本の皆さんにとってはかなり辛いはず。でも舌が痛くなるような人工的な辛さではなくて、汗が噴き出す感じです。辛いものがお好きなら、チャレンジしてみる価値はあると思いますよ。

ベーコンとソーセージを豆モヤシやタマネギと一緒に炒める베이컨쏘세지구이（ベーコンソーセージ焼き）は、ここのもう一つの代表メニュー。まずこれを注文して、鉄板の上で낙지볶음を混ぜながら食べるのがおすすめ。豚肉と海産物が混ざり合うことによって、何とも言えない旨味が引き出されます。白ごはんと焼酎が止まらなくなるおいしさ！

オヌル ムォ モクジ？
오늘 뭐 먹지？

DATA	
서린낙지	住所：서울특별시 종로구 종로 19 르메이에르종로타운1　2F
	電話番号：02-735-0670
	最寄駅：地下鉄1号線 鐘閣（종각）駅
	定休日：第2・4日曜、第1・3月曜

화목순대국 03
ファモクスンデクク

순대국（スンデクク）は韓国庶民のソウルフードですね。日本で言うと何だろう……牛丼みたいなものでしょうか？　安くておいしくて一杯で幸せになれる。そして、どの店も味が似ているようでいて、少しずつ違いがある、そんな料理なんです。

この店の순대국はちょっと好き嫌いが分かれると思います。순대（豚の腸詰め）だけでなく、一般的な순대국に入る머릿고기（豚カシラ肉）の代わりに돼지대창（豚モツ）が入っています。ややマニアックな味なのですが、すごく魅力的。ごはんもあらかじめ入っています。汝矣島のKBS別館からすぐの所にあって、ユ・ジェソクさんなど芸能人の中にもファンが多い店です。

実はここもマネージャーが電話をしたときは撮影許可が下りなかったのですが、店主に会いに行って直談判したらOKしてくれました。

「モグルテンデ」でも순대국が名物のお店をいくつか紹介していますが、一般的でオーソドックスな순대국、万人受けする味ということで言えば、宣陵（선릉）駅近くに本店がある「농민백암순대（農民白岩スンデ）」などが思い浮かびますね。

DATA	
화목순대국	住所：서울특별시 영등포구 여의대방로 383 경도상가 1F
	電話番号：02-780-8191
	最寄駅：地下鉄9号線・新林線 セッカン（샛강）駅
	定休日：日曜

04 방화동 교동짬뽕
パンファドン　キョドンチャンポン

CJ ENMのスタジオから近いので、tvNのバラエティ番組「ON&OFF」を撮影していた頃によく来ていました。「チャンポンでも食べようか」とふらりと入ってみたら、期待以上においしくて。韓国式の町中華ですが、メニュー数は中華料理屋にしては少なめで、サクッと食事ができる大衆的な店です。

韓国のチャンポンは真っ赤な辛いスープが特徴。この店のものは香ばしい豚肉炒めや、イカやアサリ、モヤシなどがたっぷり入っています。小口切りの長ネギと豚肉炒め、目玉焼きがのった파밥（長ネギごはん）や짜장면（チャジャンミョン）もおすすめ。탕수육（タンスユク）も日本の酢豚とはかなり違うので、食べ比べてみるのも面白いと思いますよ。

韓国式の中華料理は「モグルテンデ」にまだあまり登場していないので、これからご紹介していきたいと思っているところです。

DATA

방화동 교동짬뽕

住所：서울특별시 강서구 금낭화로24 나길 21 이루미팰리스 101호
電話番号：02-2665-5778
最寄駅：地下鉄5号線 傍花（방화）駅
定休日：月曜

05 만포막국수
マンポマッククス

막국수（マッククス）というそば粉の冷麺の専門店ですが、丸鶏を使った찜닭（チムタク）がおいしいことでも有名です。

日本の皆さんは、韓国に来ると東大門でタッカンマリを食べることが多いと思いますが、僕はこの찜닭のほうが好きなんです。味付けされていないシンプルなゆで鶏で、小ネギの束がどっさりのっているところがポイント。タッカンマリと同じように、タテギや醤油、酢、からしなどを混ぜて、自分好みのつけダレを作ります。分厚い皮の手作り만두（餃子）がスープに入った만두국（餃子スープ）も僕がよく注文するメニュー。鶏肉のほぐし身を막국수や만두국に混ぜて食べてもおいしいです。

他にも、妻家チプ、鎮南浦麺屋、薬水洞春川マッククスなど、薬水近辺には막국수と一緒に淡白な味の鶏料理を出す店が多いんですよ。

DATA

만포막국수

住所：서울특별시 중구 동호로14길 2
電話番号：02-2235-1357
最寄駅：地下鉄3・6号線 薬水（약수）駅
定休日：無休

日本の皆さんに
もっと歌を
届けたいです

YouTube登録者数126万人を突破

　2020年末から続けているYouTubeチャンネルで、2022年3月から「モグルテンデ」というコーナーを配信しています。食べることとお酒が好きなので、僕が本当においしいと思う飲食店を紹介してみようと考えたのがきっかけ。いちばん苦労しているのは取材交渉ですね。たとえ行きつけの店でも、撮影を断られることは珍しくありません。お店や常連客の方々に迷惑をかけたり、有名になりすぎて味やサービスが落ちたりするというのは僕が望んでいることではないので、その点は悩みどころです。

　うれしいのは、新しい男性ファンができたこと。「毎日フレンチのコースでも食べながらワインを飲んでいるんだろうと思っていたら、焼酎とクッパが好きな近所の兄さんだったんだね」と、親近感を持って視聴してくれる男性ファンがちょっと増えました。

日本語講座をスタート

　YouTubeにはこの他に歌とレシピ、犬たちとのコーナーがありますが、最近新しく「ソン・シギョンの日本語講座」を始めました。僕は日本語能力試験1級には合格しましたが、教師の資格を持っているわけではないので、いざやってみるとすごく難しいですね。日本語の初級を勉強中ぐらいの方々が「こんなにいい歌詞があるんだな」「あんな表現があるんだな」とカジュアルに楽しめるコーナーとして続けていけたらと思っています。

　それから、「モグルテンデ」をやりながら太ったので、お酒をちょっと減らしてダイエットをしようかなと。運動する姿はまだ見せたことがないので、テニスや登山、筋トレをして体重の変化を見せていくようなコンテンツはどうかなと考えているところです。

ステージで歌える幸せに感激

　歌手はやっぱり歌を歌わなくてはいけません。2022年は思う存分コンサートやファンミーティングができ

てとても幸せでした。久しぶりに舞台に立ったときは本当にじーんとしましたね。それまで当たり前だったことが急にできなくなり、3年経ってようやく再開できたので、ありがたいことだなとしみじみ感じました。

　日本でも公演ができたし、ずっと待っていてくださったファンの皆さんには本当に感謝の気持ちでいっぱいです。会場では「今度からお友達を1人ずつ連れてきてファンを増やしてほしい。そうすれば大きな公演ができるから」と強くお願いしたんです（笑）。今年は受け身ではなく、僕にできることはすべてやって、日本のメディアにも積極的に出演して、音楽番組にもぜひ出たいです。そして、日本で大勢のファンの皆さんの前で歌をお聞かせできる機会をつかめたらうれしいです。

ソン・シギョン 성시경
1979年4月17日生まれ。2000年11月にシングル「僕に来る道」で歌手デビュー。8枚のフルアルバム、ドラマOSTや日本語曲のカバーなどの音楽活動以外にも、テレビ番組のMCなどで幅広く活躍している。
Instagram：@mayersung
日本公式Twitter：sungsikyung_jp
YouTubeはQRコードからcheck。
「モグルテンデ」もぜひチェックしてみてくださいね！

ソン・シギョン　日本公式ウェブサイト
https://ssk-purpleocean.jp/
ファンクラブに入会すると、メールマガジンや会員限定コンテンツ、来日ライブの優先案内・予約受付などの特典があります。

李仲燮美術館の屋上から眺める西帰浦の町。画家も
70年以上前に同じ景色を眺め風景画を残した

実は本屋だらけの島

済州島西帰浦、書店めぐり

one day trip

文・写真　**清水博之**　旅・カルチャー・珍スポットをテーマに執筆するライター。著者に『한국타워 탐구생활（韓国タワー探究生活）』、訳書に『天気が良ければ訪ねて行きます』（イ・ドウ）、連載に北陸中日新聞『雨乃日珈琲店だより』など。ソウル・弘大にて「雨乃日珈琲店」を運営中。

雑誌を創り若い作家を紹介

　コロナ禍元年と言える3年前の夏に済州島を旅した。国際便が激減した代わりに済州行きの飛行機が増え、国内旅行客が押し寄せた時期だ。その時に空港の観光案内所で見つけて驚いたのが、島に散らばる本屋を紹介する地図。こんなに多くの本屋があるなんて！

　大型書店では手に入らない作家手作りの自費出版本——独立出版物（독립출판물）と呼ばれる——や、これを中心に店主がセレクトした本だけを扱う小さな個人書店、いわゆる独立書店（독립서점）がソウルで流行し、次々と生まれたのは2010年代後半のこと。今やソウルでの書店ブームは落ち着いたが、済州島に多いのはどんな理由があるのだろう（2022年最新版の地図によると、67の書店があるらしい）。

経営が成り立つのかもよく分からない。そうした疑問を抱きながら、2023年の2月に再び島を旅した。

　調べたところ、個性的な本屋は村や海辺など、むしろ辺ぴなところにあるよう。そこで空港に到着するなり島の南半分となる西帰浦市（서귀포시）を目指した。181番の急行バスはくねくねとした山道を走り抜け、私はさっそく車酔い（少し時間がかかっても平坦な道を走る

A.沖縄のような穏やかな空気が漂う西帰浦市街地 B.李仲燮美術館。すぐ近くに画家が家族と暮らしていた小さな家が残っている C.「ラバブックス」店内。ソウルの人気独立書店と遜色ないほど、個性的で興味深い独立出版物が並ぶ D.ラバブックスは市街地から離れた、バス通りに面する雑居ビルの1階にある E.大貫智子『愛を描いたひと イ・ジュンソプと山本方子の百年』(小学館) F.『WE MEET WIMI #2』。ラバブックスでは他にも旅行写真雑誌『LABAS』などを発行。ネットや全国各地の独立書店で購入できる

他のバスに乗るべきだった)。ふらふらとした足取りで西帰浦の地を踏み、古びた商店街が並ぶ通りを歩いてネゴリ食堂(네거리식당)へと向かった。ここはカルチグク(갈치국:太刀魚スープ)の名店で、やってきた器は白菜の緑とカボチャのオレンジのコントラストが美しい。滋味深いさっぱり味のスープが疲弊した体にぐんぐん吸い込まれていく。

西帰浦には前から行きたい場所があった。国民的画家・李仲燮(이중섭／1916〜1956)の名を冠した

済州名物の太刀魚と白菜のうまみが詰まった、素朴な味のカルチグク

李仲燮美術館だ。彼は日本人の妻と二人の子供と一緒に暮らしていたが、朝鮮戦争が起こると生活が苦しくなり、1952年に妻子を日本に送る。落ち着いたら再び一緒に暮らすつもりだったが、国交のない日韓を行き来することは難しく、離れ離れのまま39年の生を終えてしまう。

李仲燮は1951年の1年間、西帰浦で家族と過ごしており、かつての住まいの近くには後に美術館もできた。大貫智子のノンフィクション『愛を描いたひと イ・ジュンソプと山本方子の百年』を読んで、彼が暮らした風景や作品に触れてみたかった。

町の中心にある「李仲燮通り」を通って美術館へ。2022年に亡くなった方子さんを追悼するコーナーが設けられ、彼女が夫に宛てたはがきも展示されていた。個人的に

じんと来たのは、西帰浦の風景を描いた温かいタッチの絵だ。美術館の屋上に行くと、絵と同じ景色が広がっていた。

李仲燮が家族と過ごした3坪ちょっとの家も見学した後は、何人かに推薦された独立書店、ラバブックス(라바북스)を目指した。市街地から東、タクシーで15分。到着した為美里(위미리)は店もまばらにしかない住宅街という様子で、こんなところで本屋を始めたのかと驚くばかり。

10坪ほどの空間には、アートを感じさせる本が所狭しと並んでいた。独立出版物中心で特に写真集が多い。絵葉書や文房具などの雑貨も売られ、また店の一角では写真の展示も行われている。

オーナーの若い女性、キム・ウニョンさんに話を聞いた。ソウルの会社に勤めていた彼女は穏やか

SAVE WHALES,
SAVE THE EARTH

G. 書店「有話堂」は西帰浦の市街地に位置する H.「有話堂」店内 I. 書店「オットンパラム」に向かうため「沙溪里事務所」のバス停で下車。平野にそそり立つ山房山が村のシンボルで、ふもとにはお寺や温泉もある J.「チョンジッコル食堂」のトムベコギは、店員さんが少しずつ切り分けてくれる。部位によって塩や玉ねぎソースなどお勧めのヤンニョムが違う

人たちのエッセイやインタビューを集めた本だ。

バス停に向かい、しんと静まりかえった夕方の町を歩く。ソウルではどこにも騒音があり、常にストレスを受けていたことを改めて実感する。

悠々自適な生活を求めて

西帰浦市内に戻って町一番の在来市場であるオルレ市場（올레시장）を見学。近くのチョンジッコル食堂（천짓골식당）で名物トムベコギ（돔베고기：茹でたての豚肉を切りながら食べる料理）をたらふく食べた後、李仲燮美術館の近くにある書店、有話堂（유화당）へと向かった。夜9時まで営業しており、店主のキム・ドックンさんが丁寧に入れたコーヒーを飲むこともできる。

哲学書や思想書など人文学を専門に扱う、小さなセレクト書店だ。独立出版物は少ないが店主が集めてきた貴重な絶版本もあり、ソウルから来るお客もいるとか。ドストエフスキーなどの読書会や映画鑑賞会も頻繁に行われている。

定年後の住まいとして済州島に家を購入しておいたキムさんは、2020年に退職するとともに移住し、翌年60歳で店をオープン。「好き

な本だけを売る店をやりたかった」と話す彼。本、コーヒー、映画、ジャズと、キムさんの好きなものが詰まった空間は心地よい時間が流れており、営業時間が過ぎても彼に勧められるままついつい長居してしまった。

翌朝は昨日と変わって快晴。くっきりと見える漢拏山（한라산）を右手に、若い観光客の多いバスに乗って西を目指す。一面の菜の花畑や、漫画のようにこんもりとした山房山（산방산）のふもとを通り過ぎ、爲美里よりも「村」という言葉がしっくりする沙溪里（사계리）でバスを降りる。右手に黄色い平屋の家があり、引き戸には「本（책）」の一文字が。3つ目の書店、オットンパラム（어떤바람）だ。

ここでセレクトされているのは社会問題や済州島にまつわる本。奥には大きなテーブルがあり、コーヒーを飲んで休めるだけでなく、絵本が置かれ子供を遊ばせることもできる。私が訪れた時も住民たちが集まりおしゃべりをしていた。地域のコミュニティスペースとして活躍しているようだ。

この本屋を経営するのはご夫婦で、コーヒーを担当する夫のイ・ヨングァンさんに話を聞いた。旅行で訪れた穏やかな済州島に惚れ、やがて家を買って移住。「この村に

な生活を夢見て、先に移住した知人の勧めもあり家賃もソウルよりずっと安い済州島に移住、2015年にラバブックスをオープンさせた。島に本屋があまりなかった時期のことだ。お客は主に旅行者、20〜30代の女性が多いとか。本屋を開く傍ら、彼女自身も雑誌を作って韓国の若い作家たちを紹介している。

私が店にいる間に、近所でお店をしているという若い移住者たちが現れた。書店が彼らの交流の場所にもなっているのだろう。帰り際に、ラバブックスが編集する『WE MEET WIMI』を購入。爲美エリアに住む、あるいは旅でやってきた

K.「オットンパラム」店内。大きなテーブルのある別室では展示も行われる　L.『沙溪人、沙溪IN　済州トンネ旅行』(君の5月)　M.「オットンパラム」の扉を開けると、かわいいゴールデンレトリバーが迎えてくれる　N.「伊丹潤ミュージアム」は彼と共に活動した建築家の娘が、父の哲学を受け継ぎ設計。館内のカフェでは穏やかな気持ちでお茶を楽しめる

は本屋がない、なら自分たちがやらねば」と思い書店をオープンした2018年、なんとイさんはまだソウルで会社勤めをしていたそう。妻のキム・セヒさん主導で店を経営し、イさんは2年間、週末だけ済州の家で過ごし月曜にソウルに出勤する生活を続けたとか。会社を退職した現在は、畑で野菜を育てながら悠々自適な生活を続けている。

　沙溪里にスポットを当てた『沙溪人、沙溪IN　済州トンネ旅行』という独立出版物を購入し、おすすめの食堂を教えてもらって店を出た。おいしい海鮮釜飯を食べて満足した後は、タクシーに乗って2022年末にできたばかりの話題のスポット、伊丹潤ミュージアム(유동룡미술관)へ。場所は西帰浦市と済州市の境界近くの山あい。著名な建築家であり在日コリアン2世の伊丹潤の業績を知ることのできる博物館で、風土との調和を重視する彼の建築の魅力をたっぷり堪能。石の質感を生かした、大胆に光や景色を取りこむ建物にも、済州の自然を感じた。

　西帰浦の旅(伊丹潤ミュージアムだけは済州市だが)を終えて済州市の中心地に到着すると、建物も車もずっと増えてきた。大通りでは見慣れたチェーン店の看板が輝き、東門市場に行けば人気店に行列ができている。もちろんソウルほどではないが、賑やかでちょっと疲れる都市生活がここにはあるようだ。

　この旅で出会った3つの書店の店主たちは、それぞれ異なる自己実現のために、穏やかな時間の流れる豊かな町・西帰浦を選んだ。彼らの話を聞いてこの町の魅力がよく理解できたし、また近いうちに西帰浦に行きたいと、帰りの飛行機に乗る私は思った。自分が移住、なんてことはまさかないだろうが、100%ないとは言い切れない淡い感情も胸の奥で感じている。

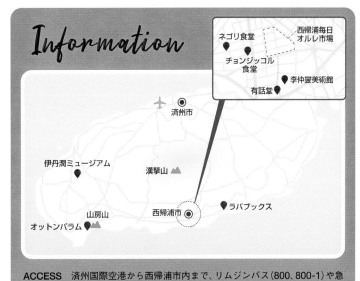

Information

- ネゴリ食堂
- 西帰浦毎日オルレ市場
- チョンジッコル食堂
- 李仲燮美術館
- 有話堂
- 済州市
- 伊丹潤ミュージアム
- 漢拏山
- ラバブックス
- 西帰浦市
- 山房山
- オットンパラム

ACCESS　済州国際空港から西帰浦市内まで、リムジンバス(800、800-1)や急行バスなどで約1時間20分。飲食店やショッピングスポットが集まる市場周辺のエリアは徒歩で散策可能。離れた場所へはタクシーが便利。島内には流しのタクシーも多いが、できればカカオタクシーなど配車アプリも準備したい。

＊本ページに掲載しているデータは2023年2月現在のものです

写真／泉山美代子

Mina Furuya ホミンの
日常を彩る
ときめき韓国料理

recipe 1

じゃがいもと牛肉の煮込みスープ

材料(2人分)

じゃがいも	中サイズ2個
牛肉(煮込み用)	60g
煮干しのだし汁	600ml
にんにく(すりおろし)	2かけ分
長ねぎ(薄切り)	½本
ごま油	大さじ1
クッカンジャン	適量
塩	適量
こしょう	適量

作り方

1. じゃがいもは皮をむいて約1センチ幅の厚めのいちょう切りにしたら、しばらく水に浸してでんぷんを抜き、水気を切る。
2. 牛肉はひと口大の薄切りにする。
3. 鍋にごま油をひいて弱火でにんにくと長ねぎを炒め、香りが立ってきたら2の牛肉とクッカンジャン大さじ1を入れてさらに炒める。
4. 牛肉に火が通ったら、じゃがいもと煮干しのだし汁を入れて中火でしばらく煮込む(適宜あくを取る)。
5. じゃがいもに火が通ったら、スープの味を見ながらクッカンジャンと塩で調え、好みでこしょうを振りかける。

使ったのはコレ!

クッカンジャン
〈국간장:クッカンジャン〉

Point

クッカンジャンはクッ(スープ)とカンジャン(しょうゆ)のこと。100%大豆のみで作られた伝統製法によるしょうゆで、塩分が多く色は薄いです。さっぱりしたスープやナムル料理におすすめです。

えごまの葉の ピリ辛漬け

日持ち 1週間

recipe 2

材料(2人分)

えごまの葉	30枚
玉ねぎ	30g
にんじん	30g

合わせ調味料

★
しょうゆ	大さじ3
水	100ml
いかなごエキス	大さじ1
てんさいオリゴ糖シロップ	大さじ2
とうがらし粉(粗挽き)	大さじ1
梅シロップ	大さじ1
ごま油	大さじ1
いりごま	小さじ1

作り方

1. えごまの葉はよく洗って水気を拭き取っておく。

2. 玉ねぎはごく薄切りに、にんじんはなるべく細めの千切りにし、★の材料すべてと混ぜ合わせたれを作る。

3. 直径16〜18センチ程度のなるべく底が厚い鍋を用意する。えごまの葉に 2 を塗りながら、1枚ずつ鍋の中に重ね入れたら残ったたれも一緒に入れる。

4. 鍋を火にかけ、ふつふつとしてきたらふたをして弱火で5分ほど蒸す。

5. 余熱が取れたら保存容器に入れる。

さきいかの コチュジャンあえ

日持ち 1週間

recipe 3

材料(2人分)

さきいか	100g
マヨネーズ	大さじ1
いりごま、小ねぎ	適量

合わせ調味料

★
コチュジャン	大さじ2
しょうゆ	小さじ1
にんにく(すりおろし)	1かけ分
てんさいオリゴ糖シロップ	大さじ1
とうがらし粉(粗挽き)	小さじ1
梅シロップ(なければ酢)	小さじ1
ごま油	大さじ1

作り方

1. さきいかにまんべんなくマヨネーズをからませておく。

2. フライパンに★の材料をすべて入れて混ぜたら火にかける。中弱火にしてへらでかき混ぜながら、香りが立ちふつふつとしてきたところで火を止める。

3. 1 と 2 をよくあえ、いりごまと小ねぎを振りかける。

使ったのはコレ！

(左から)
いかなごエキス <까나리액젓：カナリエキス>
＊いわしエキスでも可
梅シロップ <매실청：メシルチョン>
オリゴ糖シロップ <北海道てんさいオリゴ>

Mina Furuya ホミン
韓国ソウル出身。現在は東京で子育てをしながらさまざまな分野でアーティスト活動を展開中。自ら開催している料理教室や韓国語講座も大人気。著書に『やさしい韓国ごはん』(日東書院本社)。

📷 furuya_mina

韓国語で新しい世界を開こう

「今の気持ちを表現するぴったり表現を知りたい」「自己紹介のときや友達を誘うとき、ヨントンで憧れのアイドルと話すとき、思いをしっかり伝えたい」「受け身の表現ってややこしくって苦手……克服したいな」「SNSで推しのことをつぶやいてみたいな」──そんな思いに応える特集をご用意しました！　気になるところからチェックしてみてくださいね。

気持ちぴったり表現

0.001ミリのズレもなく感情にフィットする表現で、今の気持ちを伝えたいと思いませんか？　時には微妙すぎて、時にはあからさますぎて伝えることをあきらめてしまった気持ちを韓国語で伝えられるように、"気持ちぴったり表現"を一緒に探してみましょう！　ドラマや映画で頻出＆日常会話でも大活躍まちがいなしの感情表現を解説します。

金恩愛…執筆
立教大学准教授。共著に『起きてから寝るまで韓国語表現1000』など。韓国語学習にも役立つYouTubeチャンネルも運営中。
▶ 金恩愛

イラスト／岡村伊都

ほっとする気持ち

不安や心配が解消された安堵の心境、晴れやかな気持ちを表す表現です。

☑ (마음이) 홀가분하다

「気持ちが軽い」「身軽だ」という意味で、ある程度長い間、心に蓄積されてきた心配や不安から解放されたときに味わえるすっきりした気持ちを表します。ずっしりと重くのしかかる心理的負担や責任感から抜け出して、緊張やあせり、もどかしさなどの否定的な感情をきれいに払い落とし、すがすがしい気持ちになる、心穏やかな状態で次のステップへの第一歩を予感させる前向きな言葉です。類似表現は (마음이) 편하다、편안하다、후련하다など。

☑ 마음(이) 놓이다

「安心する」「心が落ち着く」という意味でほっとした気持ちを表します。年長者や立場が上の人が下の人に対して使う場合が多いですが、友人同士の会話などでも幅広く使われます。類似表現は안심(이) 되다など、反対表現は마음이 놓이지 않다(不安で心配だ)。

지혜: 7년이나 사귄 남친이랑 헤어졌는데 많이 힘들지?

チヘ:7年も付き合った彼氏と別れたんだからすごくつらいよね。

영희:아냐. 오히려 홀가분해. 진작 헤어지고 싶었는데 밀린 숙제 끝낸 것처럼 홀가분하고 후련해!

ヨンヒ:ううん、むしろすっきり。ずっと別れたかったし、たまってた宿題を片付けたみたいに気持ちが軽くなってせいせいしてる！

지혜:니 마음이 홀가분하다니 나도 맘이 놓인다.

チヘ:あなたの気持ちが軽くなったのなら、私もひと安心だよ。

かわいそうな気持ち

「かわいそう」は不憫だ、可愛そ、哀れだ、哀れだなどと訳される場合が多いですが、今回は広い意味で「かわいそう」の範疇に入る3つの表現をご紹介します。

☑ 짠하다

韓国ドラマや映画には、涙なくしては見ていられない**짠한 장면**(じいんとするシーン)がよく登場しますが、その涙が「号泣の涙」ではなく、ぐっとこらえた涙が心の中でじわじわと静かに全身に広がっていくような切なさと愛おしさを含んだ「静かな涙」であるというのが**짠하다**のポイントです。「貧しい環境の中でも不満一つ言わず夢に向かってけなげに頑張る子を思う親の気持ち」だったり、「長年連れ添った妻の苦労をあらためて思い知ったときの夫の切なくつらい気持ち」だったり。**짠하다**には相手への愛情や思いやりとともに、現実的にその相手に何もしてやれない自分の無力感や自責の念が、切ない気持ちや悲しい気持ちに重なり合っています。類似表現は**마음이 아프다、가슴이 아프다**など。

☑ 안타깝다

「気の毒だ」「残念だ」という意味で、多くの場合、対象になるのは「残念な選択」についてです。**왜 그런 선택을 했을까 정말 안타깝다**(なぜそのような選択をしたのか、本当に残念だ)のように、ポジティブな結果にならなかったことに対して、別の選択肢や方法があり得ただろうに、そうしなかったことを残念に思ったり不憫に感じていることを表現します。

그 두 사람 그렇게 사랑했는데 헤어졌다니 너무 아타깝다(あの2人、あんなに愛し合っていたのに別れただなんて、かわいそうすぎる)と言ったとき、そこには「もう少しどうにかすれば、別れずに恋を実らせることができたはずなのに、とても残念」という思いが込められています。

☑ 안쓰럽다

「気の毒だ」「いじらしい」「哀れむ」など、幼い子供やか弱い女性、弱い者がけなげに頑張っている様子に対する気持ちを表します。類似表現は**마음이 아프다、애처롭다**など。**짠하다**と**안쓰럽다**はほとんどの場面で置き換え可能ですが、細かいニュアンスの違いは、**안쓰럽다**がかわいそうな対象・気の毒な対象そのものに視線が向けられるのに対し、**짠하다**はそのかわいそうな対象を見た自分の心情に焦点が置かれているところです。例えば、家計を支えるためバイトに奔走する子供に対して申し訳なさを感じる親の切ない思いは、**우리 딸 생각만 하면 내 맘이 너무 아파. 보고 있으면 안쓰러워 죽겠어. 정말 맘이 너무 짠해**(娘のことを考えるだけでとても胸が痛んだ。見ていると気の毒でたまらない。本当に胸が締め付けられる)のような心境ではないでしょうか? 「**人が안쓰럽다**」のようには使いますが、**마음이 안쓰럽다**のようには使わないため、下線部は**너무 안쓰러워**と言うことはできても、**맘이 너무 안쓰러워**とは言いません。従って、**딸을 보니 내 마음이 짠하다**とは言っても**딸을 보니 내 마음이 안쓰럽다**とは言いません。**딸이 안쓰럽다**ならOKです。

嫌な気持ち

日常会話で非常によく使う表現を紹介します。ただし、どちらも俗語的な表現なのでフォーマルな場ではなく、気心の知れた友人との会話で使ってみましょう。目上の人に使うときも注意が必要です。

☑ 징하다

嫌なことが繰り返され、うんざりしたときの気持ちです。類似語は**징글징글하다**(気持ち悪い、気味悪い、いやらしい)など。日常会話でもよく使いますが、ドラマでも頻出のフレーズです。例えば、幼い娘を捨てて家を出た母親が20年ぶりに現れ、自分のせいで苦しい生活を強いられてきた娘に平気で金をせびる。そんなことがたびたび繰り返されるシーンで、それを知った友人と娘の会話はこんな感じ。

친구:야, 정말 너네 엄마도 징하다, 징해! 니가 무슨 돈이 있다고.
友人:ねえ、マジであなたの母親にはうんざりね！　あなたにお金なんてないのに。
딸:나도 내 부모지만, 정말 징글징글해. 전화 안 받으면 회사까지 찾아 오고.
娘:私も自分の親だけど本当に嫌気がさす。電話に出ないと会社まで来るし。

징하다, 징해!を連発する心境には、呆れ返っている気持ちも込められています。

☑ 찝찝하다

「気に障る」「気にかかる」という意味で、なんとなく不快ですっきりしない気持ちを表現します。はっきりではなく、「なんとなく」「若干引っかかる」というところがポイントです。**이 사이에 뭔가 낀 것 같고, 입 안이 너무 찝찝해**(歯の隙間に何か挟まってるみたいで、口の中がすっきりしない)、**며칠째 목욕을 못 해서 찝찝해**(数日間お風呂に入れていないから気持ち悪い)のように、何か異物が残っているような感覚、もともとあるべきではない何かが少量こびりついているような感覚をイメージしてください。そのちょっとした不快感、心地の悪さが**찝찝하다**です。

また、会話をしている相手が何かを言おうとしている様子だったのに結局言わなかったり、言いかけてやめたりした場合、「気になってもやっとする」。その感情も**찝찝하다**で表現できます。**아까부터 계속 말하려다 말고, 말하려다 말고. 사람 찝찝하게 왜 그래? 할 말 있으면 빨리 그냥 해!**(さっきからずっと言いかけてはやめて、言いかけてはやめて。何なの？　気になるじゃん。言いたいことがあるならさっさと言ってよ！)と言われ話すのをためらっていたことを思い切って伝えたのに、相手の反応があまりにも薄かったら、**하도 말하라고 해서 말하긴 했는데, 뭔가 찝찝해. 괜히 말했나? 차라리 말하지 말걸**(話せってしつこいから話しはしたけど、何だかもやっとする。言って損したか？　むしろ言わなきゃよかった)なんて気持ちになりそうですね。このときの**찝찝하다**は、「後味が悪い」というような感覚でしょうか。

落ち着かない気持ち

穏やかでない気持ち、不安定でそわそわして落ち着かない気持ちを表す感情表現の中で、ネイティブが日常でとてもよく使う「呆れた気持ち」の表現を紹介します。

☑ 황당하다

「呆れる」「滑稽」「荒唐無稽だ」「とてつもない」「でたらめ」という意味で、ありえない出来事、信じられない状況や言葉に対して使える表現です。

☑ 당황하다

「慌てる」「戸惑う」「うろたえる」「面食らう」という意味で、**당황스럽다**も同じ意味でよく使います。

☑ 어이(가) 없다

「呆れる」「呆気にとられる」「開いた口がふさがらない」「あっけない」「ばかばかしい」「呆れて言葉が出ない」という意味です。

＊大勢の人が集まる場所で、彼氏が突然「愛してる！　君が一番かわいいよ！」と大声で愛を叫んだら……

여친 : 왜 이래!? 갑자기. 사람 당황스럽게.
彼女：何よ、いきなり!?　戸惑うじゃん。

**남친 : 왜? 황당해? 언제는 또 사랑한다, 예쁘다 자주
　　　　말해 달래며.**
彼氏：なんで？　おかしい？　この間は愛してる、かわいいっていっぱい言えって言ってたくせに。

**여친 : 그렇다고 사람들 그렇게 많은 데서 그런 말 하면
　　　　어떡해? 정말 어이없네. 완전 당황했잖아.**
彼女：だからって、こんなに大勢の前でそんなこと言ってどうすんの？　ほんと絶句なんだけど。マジあせったわ。

> ## 複雑な気持ち
>
> ● なんと言い表したらいいのか分からない感情、もどかしい気持ち、相反する感情が入り混じっているような心境、そんな複雑な感情表現です。

☑ 답답하다 / 갑갑하다

답답하다は「息苦しい」「もどかしい」、**갑갑하다**は「息苦しい」「息が詰まる」でほぼ同じ意味ですが、微妙なニュアンスの違いとしては、**답답하다**は思い通りにいかない厳しい現実に直面し、それを打破できないときに自分の心の中で感じる息苦しさ、**갑갑하다**は自分を取り巻く厳しい世の中に囲まれた閉塞感から来る息苦しさに近いと言えます。**답답하다**は胸に何かがつかえているような息苦しさ、**갑갑하다**は箱の中に閉じ込めれたような息苦しさをイメージしてください。

☑ 웃프다

웃(기)다と슬프다を合わせた言葉で、「笑えるけど悲しい」「悲しいけどおかしい」という状況で使える感情表現です。웃픈 현실（おかしいけど悲しい現実）を反映している言葉なので、日常会話でも頻繁に使われますし、ドラマなどでも高頻度で登場する感情表現です。例えば、ある就活生が最後の望みだった99回目の面接にも落ちて自暴自棄になっていたけれど、101回面接に落ちた別の就活生に자장면（チャジャンミョン）をおごってもらって慰められるという状況をイメージしてみてください。**이렇게 갑갑하고, 이렇게 막막한데, 이런 심각한 상황에도 배는 고프고, 얻어 먹는 자장면은 또 왜 이리 맛있냐. 정말 웃프다!**（こんなに息が詰まりそうでこんなにお先まっくらなのに、この深刻な状況でもおなかはすくし、おごってもらうチャジャンミョンはこれまたなんでこんなにおいしいんだろ。まったく、笑えるけど悲しい！）この心境、ピンときますか？　でもそこで「**君は大丈夫、まだ99回しか落ちてないじゃん！**」と101回面接に落ちた就活生から励まされたら、**웃어야 되나, 울어야 되나. 정말 웃프다, 웃퍼**（笑うべきか泣くべきか。ほんと、悲しいけど笑っちゃう）ですね。

頻出感情表現　絶妙解説♪

日本語から韓国語に訳す際に意外と悩ましい感情表現について解説します。

☑ 寂しい

該当する表現には、외롭다、허전하다、쓸쓸하다、섭섭하다、서운하다などがあります。외롭다は孤独な寂しさを、허전하다は、周囲に何もないがらんとした状態や心にぽっかり穴が開いたような心境からくる空虚な寂しさを表します。また、쓸쓸하다はわびしさやもの悲しさを含んでいて、人物や風景に対し**아버지가 요즘 쓸쓸해 보여**(父が最近寂しそうに見える)、**쓸쓸한 풍경**(うら寂しい風景)のように使うことが多い表現です。別れが名残惜しいと感じるときは섭섭하다。転勤が決まった同僚に**이렇게 가신다니 너무 섭섭하네요**(こんなふうに行ってしまわれるなんてすごく寂しいです)のように表現します。서운하다は相手の言葉や態度が期待外れだったり冷たく感じられたりしたときの、つれない心情を表現しますが、これは基本的に信頼関係があったり愛情を感じている間柄において使われる表現なので、面識のない相手に使うと不自然な場合もあります。

☑ 懐かしい

「懐かしい」というと、品物や人物、音楽、風景などを見聞きすることで思い出がよみがえり楽しい気持ちになったりときめいたりすることですが、該当する韓国語그립다は、郷愁の思いや長年会えていない人への恋しさという意味合いが強い表現です。したがって、例えば子供のころによく食べた駄菓子を久しぶりに食べて「懐かしい!」と言ったり、かつて通っていた小学校に立ち寄って「(ここ)懐かしいね」と言うときは、**이 과자, 어릴 때 정말 많이 먹었는데!**(このお菓子、子供のころ本当によく食べてたんだよ!)、**와, 여기 정말 오랜만이다! 하나도 안 변했네**(わぁ、ここ本当に久しぶり! 少しも変わってないね)のように、具体的なエピソードやその事物についての説明をすることで懐かしい感情を表現してみましょう。単に그립다だけだと抽象的すぎて聞いた人がピンとこないと思います。

☑ 癒やされる

「癒やされる」は힐링되다(ヒーリングされる)と表現できますが、実際にはこの言葉よりも、具体的な心情を表す方が気持ちが伝わりやすいことがあります。忙しい日常から開放されて大自然のなかで「癒やされる!」と感激するなら**(정말) 너무 좋다!**(めっちゃいい!)、天使のような赤ちゃんの顔を見て「癒やされる〜」と言うなら**애기 너무 귀엽다! 그냥 보기만 해도 정말 행복하다**(赤ちゃんめちゃくちゃかわいい! 見てるだけで幸せ)、**애기 얼굴 보니 스트레스가 싹 사라지네**(赤ちゃんの顔見てるとストレスがきれいさっぱりなくなるね)など、癒やされポイントを具体的に表現することを意識するといいでしょう。

☑ 悔しい

「悔しい」には분하다、속상하다、억울하다などの表現がありますが、분하다は基本的に「憤慨する」「恨めしい」などの否定的な感情が自分自身より相手や周りの環境に向かっているため、「悔しい」を単純に분하다にしてしまうと時には誤解を招く恐れもあり要注意です。試合に負けた選手が「2位になって悔しいです」と言った場合、2위가 돼서 분합니다と訳してしまうと、「公正なジャッジがされなかったために自分が負け、結果に納得できず腹立たしい」と、他者の非を責めるようなニュアンスが加わってしまいます。自然な表現は**2위에 그쳐서 많이 아쉽습니다**(2位に終わりとても残念です)、**우승을 못 해 아쉬움이 많이 남습니다**(優勝できなくて非常に惜しい思いが残ります)など。속상하다は、努力したが結果につながらないもどかしさや望ましい方向に行かず気をもむ思いを、억울하다は、誤解されたりいわれのない非難をされたときの悔しさを表します。ちなみに「悔しいけど面白い」は**인정하고 싶진 않지만, 재밌어**(認めたくはないけど面白い)のように工夫してみましょう。

ダヒ先生の 思いが伝わる 韓国語話し方レッスン

イ・ダヒ…執筆

韓国語講師。韓国・大邱在住。ネイティブ視点からの韓国語に関する動画をYouTubeに投稿し、人気を博している。著書に『推したい私の韓国語』（ワニブックス）など。

▶ DAHEE channel 🔍

イラスト／mio

「韓国語で会話となると、ついあせってしまう」「韓国語で頑張って話したいのに、自分の言いたいことの半分も言えなかった」「いつになったら、自分の思いを韓国語で伝えられるのかな」……。
このコーナーでは、「自己紹介」「友達を誘う」「ヨントン*で自分の思いを伝える」の3つをテーマに、自分の気持ちを落ち着いて伝えるためのポイントとともに、今すぐ活用できる実践的な韓国語フレーズをご紹介します。　　*영통(영상 통화[映像通話]の略)。「ビデオ通話」のことで、主にアイドルとのオンラインイベントで行われます。

あせらない！ あわてない！ 韓国語で話すための4つのポイント

シチュエーション別の練習を行う前に、次の4つのポイントを押さえておきましょう。

POINT 1 何度も聞いて、口に出して練習する

この記事に登場するフレーズを、何度も聞いて口に出して練習しましょう。暗記できるぐらいまで練習できたら、実際の会話でぜひ使ってみてくださいね。

POINT 2 使い慣れている単語を使う

ゼロから自分で文章を作る場合は、自分が知っている単語や表現を活用しましょう。よく知らない単語を使うよりも、自信を持って話せますよ。

POINT 3 短い文で会話のキャッチボール

短い文で話すことを心がけてみましょう。長い文を考えるよりは負担が軽くなりますし、短い文を2つ、3つ言うことで、長い文と同じぐらいの情報を相手に伝えられます。相手から反応をもらいやすくなり、話が弾むのでおすすめです。

POINT 4 「目標の人」の話し方をまねてみる

K-POPアイドルや俳優、あるいは身近な友人や先輩、韓国語の先生など、自分が目指す「目標の人」の話し方をまねてみましょう。特に、韓国語らしいイントネーションを身に付けるのに役立ちます。演技するつもりで行うとよいですよ。

助詞 을/를（～を）はカジュアルな会話では省略することが多いので、会話に慣れてきたら을/를を省略して話す練習もしてみましょう。

그럼, 시작！
それでは始めましょう！

Part 1

自己紹介にチャレンジ！

初めて会った人に自分のことを伝える「自己紹介」、ちょっと緊張しますよね。ここでは、自己紹介に使える定番フレーズを紹介します。さらにコアフレーズを増やしたり、単語を入れ替えたりして、オリジナルの自己紹介文を作ってみてもいいですね。

※下線部分を入れ替えてみるのもおすすめです。

Step 3
Step 2
Step 1 ## 自己紹介の定番フレーズを見てみよう

自己紹介で使える便利なフレーズを紹介します。
音声を聞きながら、声に出して言ってみましょう。　⬇ DL27

▶ 冒頭のフレーズ

☐ **안녕하세요. 반가워요! 요시다 사쿠라예요.**
　こんにちは。お会いできて嬉しいです！　吉田さくらです。

> **Tips** フォーマルな場面では저는(私は)や、제 이름은(私の名前は)の後に自分の名前を言うこともありますが、カジュアルな場面で初対面の会話をするときは、ただ名前を言うだけで十分です。

▶ コアフレーズ

★ 趣味や興味のあること

☐ **저는 노래를 듣는 걸 좋아해요.**
　私は音楽を聞くのが好きです。

> **Tips** ゲーム、スポーツ、読書などのように簡単に言える趣味もあれば、一言で言いにくい趣味もありますよね。そんなときは、動詞の語幹＋는 걸 좋아해요(～するのが好きです)という表現を使ってみてください。

☐ **요즘 한국 아이돌 그룹에 빠져 있어요.**
　最近、韓国のアイドルグループにハマっています。

> **Tips** 「特定の人にハマっている」と言うときは에(～に)ではなく、한테(～に)を使います。「どっぷりハマっている」と言いたいときは 푹 빠져 있어요 でOK。

☐ **한국 드라마를 많이 봐요.**
　韓国ドラマを結構見ています。

> **Tips** 많이(たくさん、結構)や자주(よく、頻繁に)を使って、好きでよくやっていることについて話してみてください。

☐ **한국 음식을 좋아해서 자주 먹어요.**
　韓国の食べ物が好きで、よく食べます。

★韓国や韓国語に興味を持ったきっかけ

☐ **한국 드라마를 보고 한국에 관심이 생겼어요.**
　韓国ドラマを見て、韓国に興味を持つようになりました。

☐ **케이팝을 좋아해서 한국어 공부를 시작했어요.**
　K-POPが好きで、韓国語を勉強し始めました。

☐ **한국인 친구가 생겨서 열심히 공부하고 있어요.**
　韓国人の友達ができたので、頑張って勉強しています。

★これからしてみたいこと

□ **한국어를 더 잘하고 싶어요.**
韓国語をもっと上手にできるようになりたいです。

□ **한국에 여행 가고 싶어요.**
韓国へ旅行に行きたいです。

□ **한국어 많이 가르쳐 주세요.**
韓国語、たくさん教えてください。

□ **한국인 친구가 생겼으면 좋겠어요.**
韓国人の友達ができたらいいなと思います。

● 締めのフレーズ

□ **앞으로 친하게 지내요.**
これから仲良くしましょう。

> **Tips** 日本語の「よろしくお願いします」の直訳に当たる잘 부탁합니다は、会社の同僚や上司、これから一緒に勉強する先生やクラスメイトなど、ある程度かしこまった場面で使われます。気楽な場面では、このフレーズでOKです。

Step 3 / Step 2 / Step 1

定番フレーズを組み合わせて、自己紹介してみよう

Step1で紹介した定番フレーズを組み合わせると、以下のような自己紹介文が完成！
音声を聞きながら、何度も口に出して言ってみてください。　⬇ DL28

안녕하세요. 반가워요! 기무라 레이예요. 冒頭
저는 노래를 듣는 걸 좋아해요. コア
요즘 한국 아이돌 그룹에 빠져 있어요. コア
앞으로 친하게 지내요. 締め

【日本語訳】　こんにちは。お会いできて嬉しいです！　木村レイです。
　　　　　　私は音楽を聞くのが好きです。
　　　　　　最近、韓国のアイドルグループにハマっています。
　　　　　　これから仲良くしましょう。

안녕하세요!!
아
반가워요!!

Step 3
Step 2 / Step 1

表現を入れ替えて練習してみよう

自己紹介でよく使われるフレーズを、与えられた表現で入れ替えながら言ってみましょう。
音声を何度も聞いて、口に出すのがおすすめです。　⬇ DL29

① (　　　　　　　) **는 걸 좋아해요.** ～するのが好きです。

노래를 부르다 歌を歌う	**영화를 보다** 映画を観る	**사진을 찍다** 写真を撮る

② (　　　　　　　) **에 빠져 있어요.** ～にハマっています。

게임 ゲーム	**운동** 運動	**요리** 料理

③ **よく～します** ※3つの文の空欄に下のどちらかを入れて、文を完成させましょう。

많이 たくさん、結構	**자주** よく、頻繁に

책을 (　　　　　) 읽어요. 本をたくさん読んでいます。
카페에 (　　　　　) 가요. カフェによく行っています。
쇼핑을 (　　　　　) 해요. 買い物をよくします。

Part 2
友達を誘ってみよう

「友達とどこかに行きたいな」と思ったときに使える定番フレーズを紹介します。いざ友達を誘いたくなったときに、あせらずあわてず韓国語でスッと言えるよう、準備しておきましょう。

※下線部分を入れ替えてみるのもおすすめです。

Step 3
Step 2
Step 1

友達を誘うときの定番フレーズを見てみよう
友達を誘うときに使える便利なフレーズを紹介します。
音声を聞きながら、声に出して言ってみましょう。

⬇ DL30

▶ 冒頭のフレーズ

☐ **이번 주 토요일에 뭐 해요?**
今週の土曜日に何しますか？

▶ コアフレーズ

> **Tips** 점심(昼食、ランチ)のところを入れ替えれば、いろんなお誘いにも活用できますよ。

★ 食事に誘いたいとき

☐ **괜찮으면 같이 점심 어때요?**
よかったら、一緒にランチどうですか？

★ 聖地巡りに誘いたいとき

> **Tips** 「〜してみたい」は、動詞の語幹に -아/어 보고 싶다 をつけます。

☐ **호시가 SNS에 올린 카페에 가 보고 싶어요.**
ホシくんがSNSにアップしたカフェに行ってみたいです。

> **Tips** 연습생はデビュー前のアイドルの卵たちのこと。

☐ **방탄소년단이 연습생 때 자주 갔다는 식당에 가 보고 싶어요.**
BTSが練習生のときによく行っていたという食堂に行ってみたいです。

> **Tips** 「〜しませんか？」「〜はいかがですか？」と相手の意向を聞くときは -ㄹ/을래요? をよく使います。생일 카페はアイドルの誕生日を祝う催しを行うカフェのこと。飲み物を注文するとドリンクホルダーなどをもらえます。

☐ **곧 정우 생일이잖아요. 생일 카페에 같이 안 갈래요?**
もうすぐジョンウくんの誕生日じゃないですか。センイルカフェに一緒に行きませんか？

★ 買い物に誘いたいとき

☐ **같이 쇼핑 하러 안 갈래요?**
一緒に買い物に行きませんか？

☐ **쇼핑 하러 같이 가 줄 수 있어요?**
買い物に付き合ってくれませんか？

> **Tips** 韓国語で「買い物に行く」は、쇼핑(을) 하다 (ショッピングをする)に「〜しに行く」という意味の -(으)러 가다をプラスして、쇼핑(을) 하러 가다 (買い物をしに行く)と表現することが多いです。쇼핑は場所ではなく行為を表す言葉ですので、쇼핑에 가다(×)とは言えません。

> **Tips** 自分の用事に付き合ってもらいたいときは、可能を表す -ㄹ/을 수 있다 (〜することができる)を使って、같이 가 줄 수 있어요? (一緒に行ってもらえますか？)とよく言います。

☐ **그럼 그때 봐요! 빨리**
토요일이 왔으면 좋겠어요.

それじゃあ、そのときに会いましょう！　早く
土曜日が来てほしいです。

> **Tips**「会う」は韓国語で 만나다や 보다が代表的
> な表現ですが、「そのときに会いましょう」は 보
> 다 のほうをよく使います。「〜しましょう」は
> 動詞の語幹＋-아/어요でOK。また、「友達と会
> うのを楽しみにしている」という気持ちを韓国
> 語で表現する場合は、「早くその日が来てほしい」
> という言い方がピッタリです。

定番フレーズを組み合わせて、友達を誘ってみよう

Step1 で紹介した定番フレーズを組み合わせて友達を誘ってみましょう。
音声を聞きながら、何度も口に出して言ってみてください。　⬇DL31

이번 주 토요일에 뭐 해요? 冒頭　　友達：**딱히 할 건 없는데. 왜요?**
　　　　　　　　　　　　　　　　　　　　　　特に予定はないんですが。どうしましたか？
괜찮으면 같이 점심 어때요? コア
호시가 SNS 에 올린 카페에 가 보고 싶어요. コア　　友達：**좋아요. 같이 가요.**
　　　　　　　　　　　　　　　　　　　　　　　　　　いいですね。一緒に行きましょう。
그럼 그때 봐요! 빨리 토요일이 왔으면 좋겠어요. 締め

【日本語訳】　今週の土曜日に何しますか？
　　　　　　よかったら、一緒にランチどうですか？
　　　　　　ホシくんがSNSにアップしたカフェに行ってみたいです。
　　　　　　それじゃあ、そのときに会いましょう！　早く土曜日が来てほしいです。

表現を入れ替えて練習してみよう

友達を誘うときによく使われるフレーズを、与えられた表現で入れ替えながら
言ってみましょう。音声を何度も聞いて、口に出すのがおすすめです。　⬇DL32

① **- 르/ 을래요?** 〜しますか？

| **커피를 마시다** コーヒーを飲む　**산책하다** 散歩をする　**공부하다** 勉強をする |

② **- 아/ 어요.** 〜しましょう。

| **같이 노래방에 가다** 一緒にカラオケに行く　**주말에 같이 놀다** 週末に一緒に遊ぶ
다음에 또 같이 오다 また今度一緒に来る |

③ **- 아/ 어 보고 싶어요.** 〜してみたいです。

| **매운 요리를 먹다** 辛い料理を食べる　**김밥을 만들다** キンパを作る
한복을 입다 韓服を着る |

Part 3
ヨントンで思いを伝えてみよう

推し（최애）と初ヨントン。ドキドキが止まらない、でも自分の思いを伝えたい！ そんなときに使える定番フレーズを紹介します。ダヒ先生の厳選フレーズでしっかり準備しましょう。

※下線部分を入れ替えてみるのもおすすめです。

Step 3
Step 2
Step 1

ヨントンの定番フレーズを見てみよう

初めてのヨントンでも使える便利なフレーズを紹介します。
音声を聞きながら、声に出して言ってみましょう。

⬇ DL33

▶ 冒頭のフレーズ

☐ **안녕하세요! 너무 보고 싶었어요!**
こんにちは！ すごく会いたかったです！

▶ コアフレーズ

☐ **제 목소리 잘 들려요?**
私の声、聞こえていますか？

☐ **너무 떨려요.**
めちゃくちゃ緊張しています。

☐ **데뷔 때부터 팬이에요.**
デビューの時からファンです。

☐ **오늘도 너무 멋있어요.**
今日もとてもカッコいいです。

Tips 멋있어요（カッコいいです）のところを예뻐요（きれいです）、귀여워요（かわいいです）などに入れ替えれば、さまざまな思いを伝えられますよ。

☐ **이름 한 번만 불러 주시면 안 돼요?**
（一度だけ、どうか）名前を呼んでくれませんか？

Tips 한 번만（一度だけ）は、多少無理なお願いをするときのクッション言葉としてよく使います。また、切実に相手にしてほしいことがある場合は -아/어 주시면 안 돼요?（～してくれませんか？）という表現を使います。

☐ **수빈이 생각하면서 한국어 공부 열심히 하고 있어요.**
スビンくんのことを思いながら、韓国語の勉強を頑張っています。

Tips 推しのことを、親しみを込めて名前だけで呼ぶことはよくあります。推しが自分より年上の場合は、失礼にならないように、名前の後ろに언니（女性から見た「姉」）/누나（男性から見た「姉」）や오빠（女性から見た「兄」）/형（男性から見た「兄」）と付けて呼ぶ場合も多いです。

☐ **밥은 먹었어요?**
ご飯は食べましたか？

Tips 相手が食事をしたかどうかを知りたいというよりも、「今日も元気に過ごしていますか？」「お変わりありませんか？」のような意味で、あいさつとして使われることが多いです。

☐ **맛있는 거 많이 먹고 힘내세요.**
おいしいものをいっぱい食べて、頑張ってください。

Tips 相手を元気づけるとき、よく 힘내세요と言います。힘내다 は 힘（元気）と내다（出す）が合わさった言葉です。

☐ 앞으로도 계속 응원할게요.
これからも応援し続けます。

> Tips 動詞に-ㄹ/을게요をつけると、「〜すると約束します」といったニュアンスの文末表現になります。

☐ 앞으로도 오래오래 활동해 주세요.
これからも末永く活動してください。

✂ 締めのフレーズ

☐ 항상 너무 고맙고 사랑해요!
いつも本当にありがたいし、大好きです！

 Step 2

定番フレーズを組み合わせて、ヨントンの予行練習をしてみよう

Step1で紹介した定番フレーズを組み合わせれば、ヨントンに落ち着いて臨めますよ！
音声を聞きながら、何度も口に出して言ってみてください。　⬇DL34

안녕하세요! 너무 보고 싶었어요! 冒頭
너무 떨려요. コア
오늘도 너무 멋있어요. コア
앞으로도 계속 응원할게요. コア
항상 너무 고맙고 사랑해요! 締め

【日本語訳】
こんにちは！すごく会いたかったです！
めちゃくちゃ緊張しています。
今日もとてもカッコいいです。
これからも応援し続けます。
いつも本当にありがたいし、大好きです！

Step 3

表現を入れ替えて練習してみよう

ヨントンで活用できるフレーズを、与えられた表現で入れ替えながら言ってみましょう。
音声を何度も聞いて、口に出すのがおすすめです。　⬇DL35

① 褒め言葉　※3つの文の空欄に下のどれかを入れて、文を完成させましょう。

예뻐요 きれいです	귀여워요 かわいいです	잘 어울려요 よく似合っています

오늘도 너무 (　　　　　　　　). 今日もすごくきれいです。
세상에서 제일 (　　　　　　　　). 世界一かわいいです。
짧은 머리도 (　　　　　　　　). ショートヘアもよく似合っています。

② - 아/ 어 주시면 안 돼요? 〜してもらえませんか？

사인하다 サインをする(사인は口語では[싸인]と発音)	
손가락 하트하다 指ハートをする	노래를 부르다 歌を歌う (부르다の아/어形は불러)

③ - ㄹ/ 을게요. 〜します。(約束するニュアンス)

항상 여기서 기다리다 ずっとここで待つ	빨리 낫기를 기도하다 早く治ることを祈る
다음 앨범도 기대하다 次のアルバムも期待している(楽しみにしている)	

受け身なんかこわくない！

林京愛…執筆

お茶の水女子大学大学院人間文化研究科修士課程修了。同大学院人間文化研究国際日本学専攻博士課程単位取得。ソウル大学韓国語教員養成課程修了。現在、目白大学韓国語学科、中央学院大学非常勤講師。

韓国語の受け身表現は日本語のように「れる・られる」で活用すれば受け身になるというような単純な公式がなく複雑です。パターンを覚えれば対応できるものや表現にひと工夫必要なものなど、受け身表現のポイントを解説します。

受け身を作る3つのパターン

韓国語では他動詞の語幹に接尾辞이・히・리・기がついて自動詞に派生した피동사（被動詞）と、名詞（主に漢語名詞）に接尾辞받다、당하다、되다が付いたもの、動詞に被動（受動）の補助動詞 - 아/어지다が付いたものというように、受け身の作り方には3つのパターンがあります。

パターン01

動詞 ＋ 이・히・리・기

特定の他動詞の語幹に接尾辞이、히、리、기のいずれかを付けて被動詞にしますが、辞書に語彙項目として掲載されていて、独立した語彙として用いられることが多いです。中には「自動詞化」された被動詞（닫히다:閉まる 잡히다:捕まる 他）もあります。

이

쓰다 書く → 쓰이다 書かれる　　놓다 置く → 놓이다 置かれる
쌓다 積む → 쌓이다 積まれる　　깎다 削る → 깎이다 削られる

히

먹다 食べる → 먹히다 食べられる　　뽑다 選ぶ → 뽑히다 選ばれる
닫다 閉める → 닫히다 閉められる、閉まる　　잡다 捕まえる → 잡히다 捕まえられる、捕まる

리

팔다 売る → 팔리다 売られる、売れる　　걸다 かける → 걸리다 かけられる、かかる
열다 開く → 열리다 開かれる、開ける　　풀다 解く → 풀리다 解かれる、解ける

기

끊다 切る → 끊기다 切られる、切れる　　쫓다 追う → 쫓기다 追われる
안다 抱く → 안기다 抱かれる　　빼앗다 奪う → 빼앗기다 奪われる

오랜만에 새영화의 시사회가 열렸어요. 久しぶりに新しい映画の試写会が開かれました。

오디션 프로그램에서 뽑힌 멤버들이에요. オーディション番組で選ばれたメンバーです。

SNS 덕분에 연락이 끊겼던 친구와 다시 연락하게 되었어요 .
SNSのおかげで連絡が途絶えた（絶たれた）友達とまた連絡できるようになりました。

パターン 02	名詞 + 接尾辞

名詞（主に漢語名詞）に接尾辞받다、당하다、되다が付いて受け身を表現します。

+ 받다

사랑 愛 → **사랑받다** 愛される　　칭찬 称賛 → **칭찬받다** 褒められる

의심 疑い → **의심받다** 疑われる　　허락 許諾 → **허락받다** 許される

초대 招待 → **초대받다** 招待される

主語には人が来る場合が多く、肯定的にも否定的にも使われます。

모두에게 사랑받는 배우가 되고 싶어요. みんなから愛される俳優になりたいです。

칭찬받으면 더 열심히 하는 편이에요. 褒められると伸びるタイプです。

생파에 초대받았어요. 誕生日パーティーに招待されました。

+ 당하다

거절 拒絶 → **거절당하다** 断られる　　무시 無視 → **무시당하다** 無視される

이용 利用 → **이용당하다** 利用される

損をしたり迷惑を被ることなどネガティブな状況で使われる場合が多いです。

데이트를 신청했지만 거절당했다. デートを申し込んだが断られた。

절친에게 이용당했다. マブダチに利用された。

+ 되다

사용 使用 → **사용되다** 使用される　　생략 省略 → **생략되다** 省略される

보도 報道 → **보도되다** 報道される　　해석 解釈 → **해석되다** 解釈される

한국어는 주어가 잘 생략된다. 韓国語は主語がよく省略される。

오늘 뉴스에서 특종이 보도되었다. 今日ニュースで特ダネが報道された。

이렇게도 해석된다. このようにも解釈される。

パターン 03	**動詞の語幹 + 아 / 어지다**
	動詞に被動（受動）の補助動詞 -아/어지다が付いて受け身を表現します。

전하다 伝える → **전해지다** 伝えられる　　**세우다** 立てる → **세워지다** 立てられる

주다 与える → **주어지다** 与えられる　　**만들다** 作る → **만들어지다** 作られる

그리다 描く → **그려지다** 描かれる　　**정하다** 決める → **정해지다** 決められる

[動詞の語幹＋아/어지다]は「受け身」を表しますが、[形容詞の語幹＋아/어지다]は「～くなる、～になる」で「状態の変化」を表します。

나에게 <u>주어진</u> 시간을 소중히 하고 싶어요.　私に与えられた時間を大事にしたいです。

이 접시는 나무로 <u>만들어졌어요</u>.　このお皿は木で作られました。

韓国語にない受け身表現

日本語の受け身表現をそのまま韓国語に訳せない場合もあります。そんなときは主語を変える工夫が必要です。特に「（人に）来られる」「（風に）吹かれる」「（人に）死なれる」「（人に）泣かれる」のような自動詞による受け身表現は韓国語にはありません。次の例文を参考にしてください。

朝早く友達に<u>来られる</u>と困る。
▶ 아침 일찍 친구가 오면 불편하다.　朝早く友達が来ると困る。

風に<u>吹かれて</u>髪が乱れてしまった。
▶ 바람이 불어서 머리가 헝클어졌다.　風が吹いて髪が乱れてしまった。

三年前、夫に<u>死なれ</u>ました。
▶ 삼 년전에 남편이 죽었어요.　三年前、夫が死にました。

赤ちゃんに<u>泣かれて</u>大変だったのです。
▶ 아기가 울어서 힘들었어요.　赤ちゃんが泣いて大変だったのです。

先輩にLINEのメッセージを<u>見られ</u>ました。
▶ 선배가 라인 메시지를 봤어요.　先輩がLINEのメッセージを見ました。

妹に私の日記を<u>読まれ</u>ました。
▶ 여동생이 내 일기를 읽었어요.　妹が私の日記を読みました。

大事な漫画本をお母さんに<u>捨てられた</u>。
▶ (내가) 아끼는 만화책을 엄마가 버렸다.　大事な漫画をお母さんが捨てた。

目当ての本が<u>借りられて</u>いた。
▶ (원하는/읽고 싶은) 책을 누가 빌려 갔다.　誰かが目当ての本を借りていった。

間違えやすい受け身表現

学習者の皆さんが特に間違えやすい表現、韓国語に訳す際に迷う表現を紹介します。正しい表現をチェックしてください。

1）～してもらう、していただく

友達に電話番号を教えてもらいました。

(×) 친구한테 전화번호를 가르쳐 받았어요.

(○) 친구가 전화번호를 가르쳐/알려 줬어요. 　友達が電話番号を教えてくれました。

友達に韓国語を教えてもらいました。

(×) 친구한테(에게) 한국어를 가르쳐 받았어요.

(○) 친구가 한국어를 가르쳐 줬어요. / 친구한테(서) 한국어를 배웠어요.
　　　友達が韓国語を教えてくれました。／友達に韓国語を教わりました。

POINT　「教える」の場合、가르치다以外にも「情報を教える」は알리다（知らせる）、「知識を教える」は배우다（教わる）を使って受け身表現に対応できます。

会議に来ていただき、ありがとうございます。

(○) 회의에 와 주셔서 감사합니다. 　会議に来てくださり、ありがとうございます。

2）言われる

先輩になんと言われましたか？

 선배가 뭐라고 했어요? 　先輩がなんと言いましたか？

明日までに提出しろと言われた。

 내일까지 제출하라고 했다. 　（ある人が）明日までに提出しろと言った。

後輩に先に言われてしまいました。

 후배가 먼저 말했어요. 　後輩が先に言いました。

最近よくチャウヌに似てるって言われます。

 요새 차은우 닮았다는 말을 많이 들어요. 　最近チャウヌに似ているという言葉をよく聞きます。（直訳）

\ column /

主語や目的語との組み合わせにより受け身を表現できる語彙もありますが、組み合わせる名詞は限られています。

맞다	도둑(을) 맞다 泥棒される / 야단(을) 맞다 叱られる / 바람(을) 맞다 すっぽかされる
듣다	야단(을) 듣다 叱られる / 꾸중(을) 듣다 叱られる
먹다	욕(을) 먹다 悪口を言われる
나다	혼(이) 나다 叱られる

ディティール追求しがちな
推し活韓国語

「好き」の力で、韓国語学習を頑張れている人も多いと思います。ここではK-POPを応援する「推し活」に使っていただけるフレーズをご紹介。ちょっぴりディティールにこだわった表現を中心にお届けしますので、SNSでつぶやいたりするときにぜひご活用ください!

※SNSでよく使われている表現を取り上げているので、辞書に載っていない表現、推し活用語が含まれています。
※日本語訳は韓国語のニュアンスを反映した意訳となっています。

編集部…原案　盧秀暻…翻訳

♥ 推しがカッコよすぎて倒れそう

헐, 컴백 티저 나온 거 봤어? 나 최애 얼굴 보고 돌아가시는 줄 알았잖아. 완전 심쿵사각.

え、カムバのティザー見た?　推しのビジュ見て死にそう。完全に墓行き案件なんだけど。

point 심쿵사は「キュン死」。각は角度(角度)のことで、SNSでは「〜のようだ」の意味でよく使われます。

♥ 油断も隙もありゃしない

팬미에, 월드투어에, CD에, DVD에, 굿즈까지. 회사 진짜 돈독 올랐나! 내가 ATM인 줄 아나?

ファンミにワールドツアーにCDにDVDにグッズに、事務所の集金がマジで鬼!　私のことATMだと思ってる?

point ここでの会社(会社)は芸能事務所を指します。돈독 오르다は「お金を稼ぐのに執着する」ぐらいの意味。

♥ 幸せな悩み

우리 최애가 컴백하니까 팔 게 너무 많네. 아 진짜 뭐부터 파지?

うちの推しがカムバしたら、やること多すぎ。あー、どれから見ればいいんだ?

point 파다(掘る)は、ここでは「大変なことを一生懸命する」という意味合いで使われています。勉強するときや、推し活をするときによく使われる表現です。

♥ もうすぐ推しの誕生日だから、それまでには達成する!

이제 3만 5000 남았어. 1000만 번 스밍 가자!

あと3万5000回だ。1000万回再生目指して、スミン回すぞ!

point 스밍はストリミングの略語で、「動画や曲をインターネット上で再生すること」。K-POPでは、MV再生回数が音楽番組における1位獲得の指標になることもあり、ファンが積極的にスミンを行います。

♥ 推しの誕生日を祝おう

귀엽고, 멋지고! 춤이면 춤, 노래면 노래, 랩이면 랩 뭐든지 못하는 거 없는 올라운더, 우리 찬이. 생일 축하해! 태어나 줘서 고맙고 영원히 사랑해!

かわいくてカッコよくて!　ダンスも歌もラップも何でもできちゃうオールラウンダー、チャニ。お誕生日おめでとう!生まれてきてくれてありがとう。一生大好き!

point 찬이の部分を推しの名前に入れ替えて、ぜひつぶやいてみてください!

♥ 発売開始5分後にサイトにアクセスしたら……

으악! 굿즈 다 팔렸대. 재판 가능성 진짜 없나. 응원봉만이라도 제발…

うわぁ!　グッズ全部品切れだって。再販の可能性マジでないのかな。ペンライトだけでもどうか……。

point アイドルを応援するときに使うペンライト、응원봉(応援棒)。BTSが아미봉、SEVENTEENが캐럿봉、BLACKPINKが블핑봉、MAMAMOOが무봉など、グループごとに愛称がつけられていたりします。

♥ 1位候補になったからには

생방송 투표 무조건 해야지. 내 새꾸 1위 시켜 줘야 하는데!

生放送中の投票、絶対しなきゃ。うちの子、1位にしなきゃなんだけど!

point 내 새꾸는 내 새끼のことで、「うちの子」ぐらいの意味。

♥ 推しが愛でられている姿を見ると뿌듯하다

영원한 5살 울 애기, 멤버들한테 얼마나 이쁨을 받는지… 오구오구, 내 새꾸, 잘한다, 내 새꾸.

永遠の5歳児のうちの子、メンバーに超かわいがられてる……よしよし、ああかわいいねえ。

point 오구오구は日本語の「よしよし」に当たり、主に子供をあやすときに使う表現です。오구오구をそのままひらがなにした「おぐおぐ」もSNSではよく見られます。

♥ おかげで何とか今日も頑張れます

둘이 너무 좋아서 ㅈㄴ 무거운 감정이 폭발할 것 같아.

2人のことが大好きすぎてクソデカ感情爆発しそう。

point ㅈㄴは존나のことで、「すごい(엄청나다、대단하다)」を意味するスラング。

♥ 推しの体調が心配…

우리 폭신폭신 아기 곰돌이, 따끈따끈하고 포근포근한 집에서 코 자, 얼릉 나아야 해ㅜㅜ

ふわっふわの赤ちゃんクマちゃん、ぬくぬくあったかいおうちですやすや眠るんだよ、早く良くなってね(泣)

point 코は코~하고자고のこと。大人の寝息は쿠~、子供の寝息は코~なので、ここではよりかわいらしい코を使っています。また、얼른(早く)を얼릉と表記することでSNSらしい、愛らしい表現になります。

添削でモノにする！

ネイティブっぽい

「韓国語と日本語は語順が同じだから、学びやすい」と思いきや、「あれ、もしかしてちょっと違う？」と感じることはありませんか？　日本語話者が間違えやすい語順を、自分で添削しながら整理しましょう。

朱炫姝…執筆
高麗大学校大学院修士課程を修了後、筑波大学大学院博士後期課程を修了。高麗大学校および東京福祉大学を経て、現在、目白大学外国語学部にて韓国語を教えている。『1日1分！歌で身につく韓国語』（株式会社アスク）監修。기러기, 토마토, 스위스, 인도인, 별똥별, 우영우, 그리고 주현주.

添削の仕方について

このコーナーでは、語順が不自然な文を添削しながら学んでいきます。
赤ペンを使って下記のように添削したら、
解答と照らし合わせて確認しましょう。

遊園地にはたくさん人がいます。

놀이공원에는 많이 사람이 있어요.

正しい文 　놀이공원에는 사람이 많이 있어요.

程度や様子を表す副詞、どこに置く?

✎ ＼ 添削にチャレンジ! ／
以下の文章の語順は、どこが不自然でしょうか? 赤ペンで書き込んでみましょう。

① 花火を見に、たくさんの人々が来ました。

불꽃놀이를 보러 많이 사람들이 왔어요.

`正しい文`

② きちんと確認をしていませんでした。

잘 확인을 안 했어요.

`正しい文`

③ 勉強するとき、コーヒーをたくさん飲みます。

공부할 때 많이 커피를 마셔요.

`正しい文`

④ 昨日寝すぎて、体調があまりよくないです。

어제 너무 잠을 자서 컨디션이 안 좋아요.

`正しい文`

⑤ 韓国のアイドルのことをよく知っている友達に聞いてみました。

잘 한국 아이돌을 아는 친구에게 물어봤어요.

`正しい文`

⑥ 天気が昨日よりもっと寒い。

날씨가 더 어제보다 춥다.

> 正しい文 ▶

⑦ ダンス練習を本当に一生懸命にやったんだ。

춤 연습을 열심히 정말 했다구.

> 正しい文 ▶

**ここが
ポイント！**

副詞は、動詞や形容詞などの用言を修飾するものです。**韓国語では、副詞を用言（動詞や形容詞）の直前に置くと、自然な表現になります。**逆に、副詞を用言の直前に置かないと、文章が中断されているような感じがしたり、「言い間違いなのでは？」と思われてしまったりします。特に많이、너무、잘、아주、열심히、더などをどこに置くかに気を付けましょう。

【解答】 韓国語として自然な文にすると、以下のようになります。
①불꽃놀이를 보러 사람들이 많이 왔어요.（動詞왔어요［来ました］の直前に置く） ②확인을 잘 안 했어요.（動詞の否定表現안 했어요［～しませんでした］の直前に置く） ③공부할 때 커피를 많이 마셔요.（動詞마셔요［飲みます］の直前に置く）④어제 잠을 너무 자서 컨디션이 안 좋아요.（動詞자서［寝て］の直前に置く） ⑤한국 아이돌을 잘 아는 친구에게 물어봤어요.（動詞아는［知っている］の直前に置く） ⑥날씨가 어제보다 더 춥다.（形容詞춥다［寒い］の直前に置く） ⑦춤 연습을 정말 열심히 했다구.（動詞했다구［やったんだ］の直前に置く。副詞정말は副詞열심히を修飾している）

**間違えがちな
語順②**

否定を表す副詞、どこに置く？

✎ ＼ 添削にチャレンジ！／
以下の文章の語順は、どこが不自然でしょうか？ 赤ペンで書き込んでみましょう。

---

① 昨日は勉強しませんでした。

어제는 안 공부를 했어요.

> 正しい文 ▶

---

② とても忙しくて、電話できなかったです。

너무 바빠서 못 전화를 했어요.

③ 試験で緊張しすぎて、今日は眠れそうにない。

시험이 너무 긴장되어서 오늘은 잠을 잘 것 못 같아.

④ 傘を持ってきたが、雨は全然降らなかった。

우산을 가져왔는데 비가 안 전혀 왔다.

⑤ 今日は授業に遅刻しませんでした。

오늘은 수업에 안 지각 했어요.

⑥ 食べられないものはありません。

먹는 못 음식은 없어요.

⑦ できないんじゃなくて、しないんです。

하는 못 것이 아니라 하는 안 것이에요.

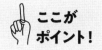 **ここが ポイント!** 日本語では、「しません」「できない」のように、語尾「〜ません」「〜ない」を用いて否定表現を表します。一方、韓国語では -지 않다という語尾を用いる表現以外に、副詞안や못をつけて否定表現を表すことができます。一般的に「안＋用言」は「〜しない」に、「못＋用言」は「〜することができない」に相応する表現で、用言の直前に안や못が置かれます。これは、会話でも間違えるとかなり違和感を感じますので、注意しましょう。

【解答】 韓国語として自然な文にすると、以下のようになります。
①어제는 공부를 안 했어요.(動詞했어요[しました]の直前に置いて、「しなかったです」の意味)　②너무 바빠서 전화를 못 했어요.(動詞했어요[しました]の直前に置いて、「しなかったです」の意味)　③시험이 너무 긴장되어서 오늘은 잠을 못 잘 것 같아.(動詞잘[眠る]の直前に置いて、「眠れそうにない」の意味)　④우산을 가져왔는데 비가 전혀 안 왔다.(動詞왔다[(雨が)降った]の直前に置いて、「(雨が)降らなかった」の意味)　⑤오늘은 수업에 지각 안 했어요.(動詞했어요[しました]の直前に置いて、「遅刻しませんでした」の意味)　⑥못 먹는 음식은 없어요.(動詞먹는[食べる]の直前に置いて、「食べられない」の意味)　⑦못 하는 것이 아니라 안 하는 것이에요.(動詞하는[する]の直前に못を置いて「できない」の意味／動詞하는[する]の直前に안を置いて「しない」という意味)

韓国語らしい語順で 書くコツ

皆さんにはここまで、「副詞の置きどころ」をポイントに、韓国語文を添削していただきました。**韓国語の語順を考える際、「副詞の置きどころ」に加え、「よく使われる、自然な語の組み合わせ」を考えてみる**のもおすすめです。この「よく使われる、自然な語の組み合わせ」のことを「コロケーション」といいます。例えば、次の例文を見てみましょう。

とても気に入ってます。
정말 마음에 듭니다. (×마음에 정말 듭니다.)

私たちは相性がとてもいいと思います。
우리는 아주 잘 맞아요. (×우리는 잘 아주 맞아요.)

「마음에 들다」「잘 맞다」は**慣用句としてよくセットで使われる表現**で、コロケーションの1つと言えます。「마음에」と「들다」で「気に入る」、そして「잘」と「맞다」がつながることで「相性がいい」という特別な意味合いを持ちますので、並べて述べたほうがネイティブっぽい表現となりますよ。参考にしてくださいね！

マンネリにひと工夫！

さらに 使える リアクション

池成林…執筆

上智大学大学院で言語学、韓国語音声学（特に韓国語発音教育）を専攻。上智大学短期大学部英語学科非常勤講師を経て、現在目白大学韓国語学科、拓殖大学外国語学部などで韓国語担当。慶尚北道栄州市広報大使。著書に「リスニングトレーニング」（HANA）がある。

@slj4152

イラスト／高村あゆみ

会話の受け答えがついついワンパターンになっていませんか？このページでは、状況に合わせたリアクションや相づちのバリエーションを紹介します。会話の内容やシチュエーションが変わっても応用できるものばかりなので、ぜひ表現の幅を広げるヒントにしてください！

★このページでは、相手の発言に対するリアクション（返事・反応・相づち）を以下 A B C よう に想定し、例文は親しい間柄で使うくだけた表現をメインにしています。
A 初級でよく使う表現　B 短くてすぐにまねできるネイティブ表現　C こんなふうに言えたらネイティブ級

---

① 「マジか!?」驚きの リアクション ↓DL36

철수 술 끊었단 말 들었어?
チョルスがお酒をやめたって聞いた？

A **진짜?**
B **믿을 수 없어.**
C **말도 안 돼.**

Point

B は「信じられない」。そのほかに**설마**（まさか）や**그럴리가**（そんなはずが）とリアクションすることもできます。
C は、ここでは「あり得ない」の意味です。「話にもならない」「筋が通らない」という本来の意味から、「信じられない」や「（あり得ないほど）すごい」というリアクションとして使うことができます。そのほか、驚きや意外さを表す**웬일**を使った**웬일이야?**（それは何事？）、**그 술꾼이 웬일이니?**（あの飲んべえがどうしたの？）と言ったり、**해가 서쪽에서 뜰 일이네**（西から日が昇るくらいのことだね＝あり得ないくらい珍しいな）のようなことわざで驚きを表現することもできます。

Point

誰かの言動や成し遂げたことに感心して「すごい」と言いたいときは、つい**대단하다、대단해**とばかり言いがちですが、これからは意識して違うフレーズを使ってみませんか？　B **대박!**は「すごっ！」「すげー」という感じのカジュアルな表現。C **장난 아니다**は「冗談じゃない」「半端じゃない」の意味で、こちらも「すごいっ！」と感心を表す表現になります。そのほかに驚くべきすごさに感心する表現としては**말도 안 돼**（信じられない）や**헐**（うわぁ～）、そして女性なら**세상에**（なんてこと）や**어머, 너무 좋겠다**（まあ、いいわね）なども自然なリアクションです。

② 「ユー、すごいね！」 感心のリアクション ↓DL37

드디어 한검 1급을 땄어.
ついにハン検1級とったよ。

A **정말 대단하다!**
B **대박!**
C **와, 너 장난 아니다.**

---

③ 「あの人って、すごい！」賞賛のリアクション ⬇DL38

모모 상 한국어를 정말 잘하죠?
モモさんは韓国語が本当に上手ですよね。

reaction

A 진짜예요.

B 모모 상 한국어는 수준급이잖아요.

C 한국 사람 뺨칠 정도죠.

Point

Bは「モモさんの韓国語は水準級ですものね」。水準級は「ハイレベル」を意味する表現です。**C**は「韓国人顔負けですよね」。～ 뺨칠 정도다は「～顔負けだ」「～に劣らない」に当たる表現です。似た表現として한국 사람도 울고 갈 정도죠や그 정도면 웬만한 한국 사람은 저리 가라예요があります。それぞれ「韓国人が泣いて帰るほどでしょう」「あのレベルならたいていの韓国人はあっちに行け（＝用なし）ですよ」で、そのすごさを称賛する表現になります。各リアクションに続けて어학에는 남다른 센스가 있는 것 같아요（並外れた語学のセンスがあるんでしょうね）や어학적 소질을 타고났나 봐요（生まれつき語学の才能があると思います）と言ってみましょう。

Point

Bは「まあ仕方ないよね」。**C**の하긴は하기는の略で、「それもそうだ」「とはいえそうだ」と相手の意見を肯定するとき使う表現です。単独で使うこともできますが、하긴 그러네や하긴 그래のような表現もできます。そしてこの会話の場合には、하긴 여기밖에 없으니（とはいえここしかないもんね）も可能です。なお、하긴の後にも、**B**のように諦めや仕方なく認める意味の뭐（～するものだ）を付け加えることも多いです。

---

④ 「ま、いっか……」妥協のリアクション ⬇DL39

비싸지만 근처에 다른 가게도 없으니 그냥 여기서 먹자.
高いけど近くに別の店もないし、もうここで食べよう。

reaction

A 맞네.

B 어쩔 수 없지 뭐.

C 하긴.

---

tips 01

장난 (이) 아니다 ⬇DL44

直訳は「いたずらではない」ですが、「あることが並外れている」「程度が甚だしい」の意味の慣用句でもよく使われます。リアクションとしては맞아や그러게のようなほかの相づち表現はもちろん、感嘆詞헐、대박などとセットで使うこともできます。

1. 驚いたときの「すごい」「やばい」
A：저 세 사람 연봉을 합치면 천 억이래.
あの3人の年俸を合わせると1千億だって。
B：헐, 장난이 아니네.
うわ、やば。

2. 甚だしいの「ハンパない」
A：오늘 왜 이렇게 덥냐.
今日、なんでこんなに暑いの。
B：그러게. 정말 장난이 아니다.
ほんとそれ。マジでハンパないね。

3. 簡単ではないことを意味する「大変だ」「難しい」
A：요즘 물가가 너무 올라서 미치겠다.
最近物価がすごく上がってるからしんどいわ。
B：맞아. 나도 사는 게 장난이 아니야.
だよね。私も生活がキツい。

이거 먹어 봐. 장난 아니게 맛있어.（これ食べてみて。マジおいしいよ）のように장난이 아니게の形で副詞「マジで」「本当に」「すごく」の意味でもよく使われます。

5 「頑張って！」励ましの リアクション
⬇DL40

토픽6급 또 떨어졌어요. 이번에도 5급...

TOPIKの6級、また落ちちゃいました。今回も5級……。

A 힘내세요.

B 기운 내세요. 5급도 정말 대단한 거예요.

C 5급이 어디예요? 정말 잘하고 계시는 거예요.

Point

B は「元気出してください。5級でも本当にすごいことですよ」。**A** の힘내세요も**B** の기운 내세요と同じく「元気出してください」で、さまざまな場面で励ましのフレーズとして使えます。それぞれ다음엔 꼭 붙을 거예요. 아자 아자!(次はきっと合格しますよ。ファイト！)のような応援メッセージを加えると相手はもっと励まされるでしょう。**C** は「5級も十分立派です。本当に上出来ですよ」。이/가 어디예요は「～でも十分すごいことです、満足できることです」という意味です。이/가の部分をそのに게して、그게 어디예요の形でもよく使われます。[例]A:남친이 생일 축하 전화는 해 줬는데 선물은 없었어.(彼氏が誕生日おめでとうの電話はしてくれたけど、プレゼントはなかったの)B:야. 그게 어디니?(=안 잊고 전화한 게 어디니?)(ねえ、それで十分じゃん＝忘れずに電話しただけで十分だよ)

---

tips 02

⬇DL45

대박は「大当たり」「大ヒット」の意味で「すごい」「わ～」と独り言の感嘆詞として使うことが多いです。例えば美しい景色を見たり、おいしい料理を食べたりして感激したときに**대박!**と表現できます。リアクションとしても同じ意味で使えます。

1. 驚いたときの「すごっ！」
A:저기 애들 스케이트보드 타는 거 봐.
　あの子たち、スケートボードに乗ってるの見て。

B:대박! 정말 잘 탄다.
　すごっ！　めっちゃ上手だね。

2. うれしいときの「最高！」「やったね！」
A:누나, 콘서트 표 구했어!
　お姉ちゃん、コンサートチケット、ゲットしたよ！

B:대박! 역시 내 동생밖에 없어.
　やった！　やっぱうちの弟しかいないわ。

대박は感嘆詞やリアクションのほかに**여기 대박 좋다**(ここ、本当にすてき)のように、副詞「とても」「本当に」の意味で**되게、완전、진짜**などの代わりにも使われます。

헐は驚いたり呆れたりしたときの感嘆詞で、P.48②の

「感心のリアクション」のpointのような使い方以外にも、さまざまな場面でのリアクションとして使えます。主に若い年齢層で使われる俗語でしたが、最近は若者のみならず幅広い年代に勢力拡大中の表現です。

1. 驚いたときの「すごっ！」「マジ!?」
（헉と言うこともできます）
A:영철이 집 샀단 소리 들었어?
　ヨンチョルが家を買ったって聞いた？

B:헐. 스고っ.

2. 呆れたときの「は？」「まったく……」
A:니가 뭔데 나한테 이래라저래라야.
　何様のつもりで俺に指図してんの？

B:헐. は？

3. がっかりしたりしたときの「マジかよ～」
A:미안, 깜빡 잊고 안 가지고 왔어.
　ごめん、うっかり持ってくるの忘れた。

B:헐～. マジか……。

◎헐と대박の比較

状況	헐	대박(이다)
最高だ	×	○
驚いた	○	○
呆れた	○	×

＊一緒に使うときは、헐, 대박! 짱이다!（うわ、すごっ！　最高じゃん！）のように 헐, 대박の順で。

⑥ 「イイネ、のった！」快く誘いに応じるリアクション

⬇DL41

오랜만에 노래방 안 갈래?

久しぶりにカラオケ行かない？

reaction

Ⓐ 좋아.
Ⓑ 노래방 좋지!
Ⓒ 콜!

Point

Ⓐ 좋네(いいね)、가자(行こう)、찬성(賛成)、그래(いいよ)などのリアクションでもOKです。Ⓑの「カラオケ、いいよ！」のほか그거 좋은 생각이다!(それはいい考えだ！)と相づちを打ったり、노래방 가는데 내가 안 가면 안 되지(カラオケ行くのに私が行かないのはナシでしょ)のように少しウィットに富んだ表現を使ったりすると、提案してくれた人がうれしくなりますよ。Ⓒ콜は英単語のcallですが、本来の意味ではなく、相手の提案を受け入れ、「いいよ」「オッケー」という表現です。いわゆるコングリシ(韓国語式英語)ではありますが、よく使われるのでまねしてみてください。さらに、「どう？」「(提案に)乗る？」と誘いや提案の際にも퇴근 후 맥주 한잔 콜?(仕事終わりにビール一杯どう？)のように使える便利な表現です。

Point

Ⓑは「呆れてものも言えない」に当たる表現です。기가 막혀서は기가 차서と言うこともできます。Ⓒ헐はこの場合、呆れたことを表現するリアクションで、そのほかに나 참、참 나などと言ってもいいでしょう。ここでの참は感情が高ぶったときの感嘆詞です。驚きや不満を表す感嘆詞원を加えて나원 참と言うこともあります。各リアクションに어떻게 그런 말을 할 수가 있니(どうしてそんなことが言えるの)、말을 말아야지(もう何も言わないほうがいいな)、살다 살다 별 소릴 다 듣네(よくもまあそんな口がきけるね)などの表現を加えてもいいです。

⑦ 「まったくもう……」呆れたときのリアクション

⬇DL42

그 사람들이 어떻게 되든 내 일도 아닌데 알 게 뭐야.

あの人たちがどうなろうと、自分のことでもないし知ったこっちゃない。

reaction

Ⓐ 너, 정말...
Ⓑ 기가 막혀서 말이 안 나오네.
Ⓒ 헐.

⑧ 「無理でしょ」ちょっぴり嫌みなリアクション

⬇DL43

결심했어. 나 서울대 갈 거야.

決めた。私、ソウル大に行く。

reaction

Ⓐ 넌 무리야.
Ⓑ 웃기고 있다.
Ⓒ 서울대가 뉘집 개 이름인 줄 아냐.

Point

Ⓑは「ふざけてる」。ほかにも미쳤군(おかしなこと言ってるね)など現実味のない言動を皮肉るときに使えます。Ⓒは「ソウル大を誰かんちの犬の名前とでも思ってんの？」で、安易な発言に対する嫌みです。니가 서울대 가면 난 하버드대 간다(あんたがソウル大に行くなら私はハーバード大に行くし)などと言ったり、말이 되는 소리를 하세요(筋の通ったことをおっしゃってください)とため口を使う相手にわざと敬語を使って嫌み効果をアップさせるリアクションもありますが、このような表現は聞き取れる楽しみを味わうだけにして、皆さんは使わないことをおすすめします(笑)。

聞こえた音から学ぶ

発音変化

山崎玲美奈…執筆
東京外国語大学博士前期課程修了（言語学）。早稲田大学、上智大学非常勤講師。NHKテレビ『ハングルッ！ナビ』講師。著書に『キクタン韓国語会話 入門編』『はじめてのハングル能力検定試験3級』（共にアルク）など。

鼻音化　ｎの挿入　流音化

韓国語学習者の多くが苦手とする発音変化。さまざまな発音変化のパターンの中でも、特に複雑でなかなかものにできない「鼻音化」「流音化」「ｎの挿入」にフォーカスして徹底解説します。

challenge!　まずは音声を聞いて空欄に当てはまる語句を書いてください。
（　　）に入るのは1語とは限りません。

⬇DL46 1. （　　　　）에 （　　　　　）원을 （　　　　　　　　）.

⬇DL47 2. 라면 （　　）에 （　　　　　　　）게 최고!

⬇DL48 3. （　　）들에게 （　　）을 받아 진행했다.

⬇DL49 4. 생일을 （　　）과 （　　）다 챙겨 준다고?

⬇DL50 5. 그 （　　　）앞에 （　　）편의점은 （　　　　　）가 많아요.

⬇DL51 6. 이에 （　　）된 사람이 （　　　）명 있다.

⬇DL52 7. （　　）는 （　　　）에 （　　）안 해 주는 사람이 아닌데.

⬇DL53 8. 그 날은 （　　　　　）이죠?

⬇DL54 9. （　　　　　　）열심히 하세요.

⬇DL55 10. （　　　　　）얼굴인데 이름이 생각이 안 나요.

⬇DL56 11. （　　　　）제발 좀 그만해.

⬇DL57 12. 잠깐 （　　　　）가 있는데.

⬇DL58 13. （　　）이 있어서 （　　　）에 갔어요.

⬇DL59 14. （　　　　　）도 （　　　　　）도 다 봐요.

check!

左ページの問題で空欄になっていた部分では、主に **A 鼻音化 B 流音化 C nの挿入**という3つの発音変化が起こっていました。これらはつづりと実際の発音がかなり異なる印象になるものばかり。そもそも発音変化のルールが複雑で、さらに複数の発音変化が連続的に起こっている場合もあり正確に聞き取るのが難しい部分です。正解とともに発音変化の仕組みを確認していきましょう。

★ A1 A2 …はそれぞれ発音変化のタイプを示したものです。次のページから始まる解説の該当部分を参考にしてください。
★鼻音化、流音化、nの挿入に特化して解説しているため、そのほかの発音変化についてはここでは解説を省いています。

1. (월급날)에 (오십 만) 원을 (받았답니다). 給料日に50万ウォンもらったそうです。
    A1 월금날　　**A1** 오심 만　　**A1** 바닫땀니다

2. 라면 (국물)에 (밥 말아 먹는) 게 최고! ラーメンのスープにご飯を混ぜて食べるのが最高！
    　　　　A1 궁물　　**A1** 밤 마라 멍는

3. (동료)들에게 (협력)을 받아 진행했다. 同僚たちから協力を得て進めた。
    A2 동뇨　　　　**A3** 혐녁

4. 생일을 (양력)과 (음력) 다 챙겨 준다고? 誕生日を陽暦と陰暦両方で祝ってくれるって？
    　　　　A2 양녁　　**A2** 음녁

5. 그 (정류장) 앞에 (있는) 편의점은 (음료수 종류)가 많아요.
    　　A2 정뉴장　　　**A1** 인는　　　　**A2** 음뇨수 종뉴
    その停留所の前にあるコンビニは、飲み物の種類が多いです。

6. 이에 (관련)된 사람이 (스물네) 명 있다. これに関連した人が24名いる。
    　　　　B 괄련　　　　**B** 스물레

7. (원래)는 (생일날)에 (연락) 안 해 주는 사람이 아닌데.
    B 월래　　**B** 생일랄　　**B** 열락
    もともとは誕生日に連絡してくれない人じゃないのに。

8. 그 날은 (무슨 요일)이죠? その日は何曜日でしたっけ？
    　　　　C1 무슨 뇨일

9. (발음 연습) 열심히 하세요. 発音練習、頑張ってください。
    C1 바름 년습

10. (낯익은) 얼굴인데 이름이 생각이 안 나요. 見慣れた顔なんだけど、名前が思い出せません。
    C2 난니근

11. (깻잎 논쟁) 제발 좀 그만해. エゴマの葉論争は、もういい加減にしろよ。
    C1 **A1** 깬닙 논쟁

12. 잠깐 (할 얘기)가 있는데. ちょっと話があるんだけど。
    　　　　C3 할 럐기

13. (볼일)이 있어서 (서울역)에 갔어요. 用事があってソウル駅に行きました。
    C3 볼릴　　　　**C3** 서울력

14. (외국 영화)도 (일본 영화)도 다 봐요. 外国映画も日本映画も全部見ます。
    C2 외궁 녕화　　**C1** 일본 녕화

鼻音化・流音化・nの挿入を解説！

A1 口音の鼻音化

[p][t][k]（口音）で発音するパッチムの直後にロ、ヿが来ると、[p][t][k]で発音するパッチムはそれぞれロ、ヿ、ㅇで発音されます。これを鼻音化といいます。＊[p]＝ㅂㅍ　[t]＝ㄷㅌㅅㅆㅈㅊㅎ　[k]＝ㄱㅋㄲ

$$p + \begin{matrix}□\\□\end{matrix} \rightarrow □ + \begin{matrix}□\\□\end{matrix} \qquad t + \begin{matrix}□\\□\end{matrix} \rightarrow □ + \begin{matrix}□\\□\end{matrix} \qquad k + \begin{matrix}□\\□\end{matrix} \rightarrow ㅇ + \begin{matrix}□\\□\end{matrix}$$

穴埋め問題の**1.** 월급날 [월금날]、오십 만 [오심 만]、받았답니다 [바닫땀니다] **2.** 국물 [궁물]、밥 말아 먹는 [밤 마라 멍는] **5.** 있는 [인는] **11.** 깻잎 논쟁 [깬닙 논쟁] がこれに当たります。

> 🔽DL60 **[例]** 입문 [임문] 入門　입니다 [임니다] ～です　습니다 [슴니다] ～します、～です　앞만 [암만] 前だけ　없는데요 [엄는데요] ありませんが、ありませんけど　거짓말 [거진말] うそ　먹었는데 [머건는데] 食べたのだけど　찾는다 [찬는다] 探す　겉모습 [건모습] 外見　웃는 [운는] 笑う…　있는 [인는] ある…、いる…　못 나가요 [몬 나가요] 出られません　못 먹어요 [몬 머거요] 食べられません　몇 명 [면 명] 何人 (なんにん)　작년 [장년] 昨年、去年　읽는다 [잉는다] 読む　박물관 [방물관] 博物館　학년 [항년] 学年　한국말 [한궁말] 韓国語

A2 流音の鼻音化 1

パッチムロ、ㅇの直後のㄹがㅣで発音されます。

$$□ + ㄹ \rightarrow □ + □ \qquad ㅇ + ㄹ \rightarrow ㅇ + □$$

穴埋め問題の**3.** 동료 [동뇨] **4.** 양력 [양녁]、음력 [음녁] **5.** 정류장 [정뉴장]、음료수 종류 [음뇨수 종뉴] がこれに当たります。

> 🔽DL61 **[例]** 심리 [심니] 心理　장래 [장내] 将来　정리 [정니] 整理　정류장 [정뉴장] 停留所　음료수 [음뇨수] 飲み物、ソフトドリンク　종류 [종뉴] 種類　종로 [종노] 鍾路 (地名)　능력 [능녁] 能力　양력 [양녁] 陽暦　음력 [음녁] 陰暦

A3 流音の鼻音化 2

[p][t][k]（口音）で発音するパッチムの直後にㄹが来た場合、[p][t][k]はそれぞれロ、ㄴ、ㅇで、ㄹはㄴで発音されます。最終的に前の要素も後ろの要素も、両方とも発音変化するため、この変化は実際の例で覚えてしまった方がよいでしょう。

$$p + ㄹ \rightarrow □ + □ \qquad t + ㄹ \rightarrow □ + □ \qquad k + ㄹ \rightarrow ㅇ + □$$

穴埋め問題の**3.** 협력 [혐녁] がこれに当たります。

> 🔽DL62 **[例]** 압력 [암녁] 圧力　독립 [동닙] 独立　국립 [궁닙] 国立　착륙 [창뉵] 着陸

B 流音化

ㄴとㄹが隣同士になると、ㄴがㄹで発音され、結果として**どちらもㄹで発音されます**。この発音変化はㄴとㄹのどちらが先に来ても起こる変化です。

$$ㄴ + ㄹ \rightarrow ㄹ + ㄹ \qquad ㄹ + ㄴ \rightarrow ㄹ + ㄹ$$

穴埋め問題の**6.**관련[괄련]、스물네[스물레] **7.**원래[월래]、생일날[생일랄]、연락[열락]がこれに当たります。

> **⬇DL63 [例]**난로[날로]ストーブ、暖炉　전라도[절라도]全羅道　연락[열락]連絡　편리[펄리]便利　관련[괄련]関連　한류[할류]韓流　원래[월래]本来、もともと　신랑[실랑]新郎　실내[실래]室内　물냉면[물랭면]水冷麺　설날[설랄]正月　생일날[생일랄]誕生日の日　일 년[일 련]1年　칠 년[칠 련]7年　오늘날[오늘랄]今日

C1 nの挿入

この発音変化は、3つの条件を全て兼ね備えた際に起こり得るものです。発音の速度などによっては発音変化を起こさない場合もあり、条件がそろえば起こるほかの発音変化とはやや性質が異なる発音変化とも言えます。

【3つの条件】

1. 単語A＋単語Bからなる合成語である [例]두통(頭痛)＋약(薬)＝두통약(頭痛薬)、할(する)＋일(こと)＝すること
2. 単語Aの最後にパッチムがある
3. 単語Bの最初が이、야、여、요、유、예、얘のどれかである

1.～3.の条件すべてを満たした場合に、単語Aと単語Bの間に発音上ㄴ [n]が挿入されることがあります。

무슨 요일 → 무슨 ㄴ 요일 [무슨 뇨일]　　**한여름 → 한 ㄴ 여름 [한녀름]**
　　　　　　nの挿入　　　　　　　　　　　　　　nの挿入

穴埋め問題の**8.**무슨 요일[무슨 뇨일] **9.**발음 연습[바름 년습] **14.**일본 영화[일본 녕화]がこれに当たります。

> **⬇DL64 [例]** 무슨 요일[무슨 뇨일]何曜日　한여름[한녀름]真夏　서른 여섯[서른 녀섣]36（固有数詞）　일본 요리[일본 뇨리]日本料理　식용유[시굥뉴]植物油

C2 nの挿入＋鼻音化

さらに、発音上nの音が入ることで、そのnが前の[p][t][k]（口音）で発音するパッチムを鼻音化させることもあります。

외국 영화 → 외국 ㄴ 영화 [외국 녕화] → ㄱ + ㄴ = ㅇ + ㄴ ⇒ [외궁 녕화]
　　　　　　nの挿入　　　　　　　　　　　　　　　　　　鼻音化

십육 → 십 ㄴ 육 [십늌] → ㅂ + ㄴ = ㅁ + ㄴ ⇒ [심늌]
　　　　nの挿入　　　　　　　　　　　　　　　鼻音化

穴埋め問題の**10.**낯익은[난니근] **11.**깻잎 논쟁[깬님 논쟁] **14.**외국 영화[외궁 녕화]がこれに当たります。

> **⬇DL65 [例]**옛이야기[옌니야기]昔話、昔の話　십육[심늌]16　한국 요리[한궁 뇨리]韓国料理　못 입어요[몬니버요]着られません　색연필[생년필]色鉛筆　도착역[도창녁]到着駅　외국 영화[외궁 녕화]外国映画　십육만[심늉 만]16万　꽃잎[꼰닙]花びら　낯익은[난니근]見慣れた　깻잎[깬닙]エゴマの葉

C3 nの挿入＋流音化

さらにさらに、発音上nの音が入ったことで、そのnが直前のㄹの影響で流音化してㄹで発音されることもあります。

지하철역 → 지하철 ㄴ 역 [지하철녁] → ㄹ + ㄴ = ㄹ + ㄹ ⇒ [지하철력]
　　　　　　　nの挿入　　　　　　　　　　　　　　　　流音化

볼일 → 볼 ㄴ 일 [볼닐] → ㄹ + ㄴ = ㄹ + ㄹ ⇒ [볼릴]
　　　　nの挿入　　　　　　　　　　　　　　流音化

穴埋め問題の**12.**할 얘기[할 래기]、**13.**볼일[볼릴]、서울역[서울력]がこれに当たります。

> **⬇DL66 [例]**서울역[서울력]ソウル駅　지하철역[지하철력]地下鉄駅　볼일[볼릴]用事

韓国語にも多く使われている外来語。外国語由来だから日本語で使われる外来語と似ていそうですが、外国語の音を自国語で表記するのには限界があり、日本語と韓国語で違いが生まれます。でも、ちょっとしたコツをつかめば語彙力UPにつながります。ここでは、英語由来の外来語を例に説明していきます。

韓興鉄…執筆

💡 外来語表記の基本原則

韓国語には外来語表記法が定められており、新聞やテレビ、ウェブメディア、出版物などがそれに沿って外来語を表記しています。現在は2017年に改訂されたものが使われています。外来語表記の基本原則が5項目あるので、まずはそれを押さえておきましょう。

原則1	外来語は、韓国語で現在使われている字母だけで表す	外国語の音に合わせて、新しい文字や長音記号などを作らずに表記します。
原則2	外来語の1音韻は原則的に1記号で表す	例えば[p]は「ㅍ」で記し、「ㅂ」や「ㅃ」は用いません。
原則3	パッチムはㄱ、ㄴ、ㄹ、ㅁ、ㅂ、ㅅ、ㅇだけを用いる	パッチムの表記はいろいろあっても音は7種類（ㄷだけㅅに変更）になるので、外来語を表記する際はこの7つだけを用います。
原則4	破裂音の表記には濃音を用いないことを原則とする	実際には濃音に近い音でも、原則的に激音で表記します。英語由来の外来語には濃音は使われません。
原則5	すでに固まっている外来語は慣用を尊重するが、その範囲と用例は別途定める	例えば、ガム[gʌm]は外来語表記法に従えば검になりますが、長らく使われてきた「껌」を使います。

国際音声記号とハングルの対照表

以下は、外来語を表記する際の対照表で、英語に関連する国際音声記号（発音記号）を中心に作り直したものです。

子音			子音			母音	
国際音声記号	ハングル		国際音声記号	ハングル		国際音声記号	ハングル
	母音の前	子音の前 or 語末		母音の前	子音の前 or 語末		
p	ㅍ	ㅂ, ㅍ	ʒ / ʤ	ㅈ	지	i	이
b / v	ㅂ	ㅂ	ts	ㅊ	ㅊ	e / ɛ	에
t	ㅌ	ㅅ, ㅌ	ʧ	ㅊ	치	æ	애
d / ð	ㄷ	ㄷ	m	ㅁ	ㅁ	a / ɑ	아
k	ㅋ	ㄱ, ㅋ	n	ㄴ	ㄴ	ʌ / ə / ɚ	어
g	ㄱ	ㄱ	ŋ	ㅇ	ㅇ	ɔ / o	오
f	ㅍ	ㅍ	l	ㄹ, ㄹㄹ	ㄹ	u	우
θ / s	ㅅ	ㅅ	r	ㄹ	르		
z / ʣ	ㅈ	ㅈ	h	ㅎ	ㅎ		
ʃ	시	슈, 시					

＊半母音 [j] は「이」、[w] は「오, 우」で表します。

英語由来の外来語表記の細則

英語由来の外来語は、基本的に左ページの表に従って記しますが、細則があります。外来語表記の問題を解きながら、主な細則をチェックしていきましょう。

Q1 チーム(team)は どっち?

1 티임　2 팀

✅ **check**

細則1(長音) 長音は表さない
細則2(鼻音) 語末または子音の前の[m][n][ŋ]はパッチムで表す

A1:2) 発音記号は[tíːm]で、長音「ː」がありますがこれは記しません。ハングル対照表に従ってハングルを当てはめていくと、t(ㅌ) i(ㅣ) m(ㅁ)「팀」となります。また、語末または子音の前の[m]はパッチムで表し、「므」にはなりません。

Q2 ディズニーランド (Disneyland)は どっち?

1 딧니랜드
2 디즈니랜드

✅ **check**

細則3(摩擦音) 語末または子音の前の[s][z][f][v][θ][ð]は—を付けて表す
細則4(有声破裂音) 語末または子音の前の[b][d][g]は—を付けて表す

A2:2) 発音記号は[díznilænd]で、途中に[z]がありますが、子音の前なので—を付けて즈と表します。また、[d]が語末に来る場合は드と表します。よって、d(ㄷ) i(ㅣ) z(즈) n(ㄴ) i(ㅣ) l(ㄹ) æ(ㅐ) n(ㄴ) d(드)で디즈니랜드となります。

Q3 キャット(cat)は どっち?

1 캣　2 캐트

✅ **check**

細則5(無声破裂音) 短母音の後の語末では[p][t][k]はパッチムで表す

A3:1) 発音記号は[kæt]、[æ]は短母音なのでその後の語末の[t]はㅅで表します。よって、k(ㅋ) æ(ㅐ) t(ㅅ)で캣となります。フード(food[fúːd])のように母音に長音記号が用いられていたら母音—を加え、d=드となります。

Q4 フルート(flute)は どっち?

1 프룻　2 플루트

✅ **check**

細則6(流音) 語中の[l]が母音の前に来たり、母音が伴わない鼻音[m][n]の前に来るときは「ㄹㄹ」で表す

A4:2) 発音記号は[flúːt]です。[l]が母音の前に来ているので、ハングルではㄹㄹになります。したがってf(ㅍ) l(ㄹㄹ) u(ㅜ) t(ㅌ)で플루트となります。

Q5 タワー(tower)は どっち?

1 타워　2 타우어

✅ **check**

細則7(重母音) [ou]はㅗ、[auə]はㅏ워で表す

A5:1) 発音記号は[táuə]です。[auə]はㅏ워で表すので、t(ㅌ)を前に付けると타워となります。ボート(boat[bóut])は、보우트ではなくb(ㅂ) ou(ㅗ) t(ㅌ)で보트と表記します。

Q6 ファッション (fashion)はどっち?

1 팟숀　2 패션

✅ **check**

細則8(摩擦音) 語末の[ʃ]は시で表し、子音の前では슈、母音の前では続く母音によって샤、셰、쇼、슈、시で表す。

A6:2) 発音記号は[fæʃən]です。[ʃ(시)]の後に母音[ə(어)]が続くので셔となります。まとめると、f(ㅍ) æ(ㅐ) ʃ(시) ə(어) n(ㄴ)で패션となります。

ポジティブな気持ちになる
ことわざ・四字熟語 15
파이팅 해야지

このコーナーでは、ポジティブな気持ちになれる15のことわざ・四字熟語を紹介します。朝・昼・夜の3つのシーンに分けて紹介しますので、時間や気持ちに合ったことわざや四字熟語を、声に出して言ってみてくださいね。何度も言っているうちに、活用できる素敵な韓国語フレーズが増えたり、気持ちが明るくなったりするかも！

秋山卓澄 (キソカン) …執筆
Twitter「キソカン (旧基礎から学ぶ韓国語 bot)」(@Kiso_Korean_bot) を運営。現役国語教諭として、国語教育のノウハウを生かした韓国語教育に取り組む。著書に『やさしい基礎韓国語』『やさしい初級韓国語』(いずれもHANA刊) がある。

朝、テンションを上げたいとき
⬇DL67

01
시작이 반이다
………………
始めが半分だ

「何事も、始めてしまえば半分は済んだようなものだ」という意味です。学校や会社に足が向かないこと、何となくやる気が出ないことはありませんか？　そんなときはこの言葉を思い出してください。出勤してしまえば、着手してしまえば、半分は終わったようなものです(笑)。

【例】**출근했으니까 벌써 반이나 일했어. 시작이 반이니까.**
(出勤したから、もう半分も仕事が済んだ。始めが半分だから。)

02
작은 고추가 맵다
………………
小さい唐辛子が辛い

日本のことわざでは、「山椒は小粒でもぴりりと辛い」に当たります。本来は「体が小さくても技能や才能に優れていてあなどれない」という意味ですが、私は個人的に、体の大きさについてのみ言っているわけではないと解釈しています。新入社員や新入生など、ある組織において、上の人から「まだ充分な力を備えていない」と思われる立場にある人たちが、自分を鼓舞する言葉でもあると思えます。「新入社員だから」「新入生だから」と縮こまらずに、存分に自分の力を発揮してください。

【例】**나도 잘할 수 있어. 작은 고추가 매운 거야!**
(自分だってうまくできる。小さい唐辛子が辛いんだ！)

03
열 번 찍어 안 넘어가는 나무 없다
………………
十回切って倒れない木はない

「繰り返し何かを行えば、必ず達成できる」という意味です。仕事や勉強などで、ふと諦めたくなるときがありますよね。この言葉は、自分を信じて、諦めずに取り組むことの大切さを教えてくれますし、諦めまいとする自分の背中を押してくれます。人間関係に悩んだときにも、ぜひこの言葉を思い出していただければと思います。

【例】**포기하지 말자! 열 번 찍어 안 넘어가는 나무 없어!**
(諦めないぞ！　十回切って倒れない木はない！)

04
남의 떡이 커 보인다

他人の餅が大きく見える

日本のことわざでは、「隣の芝生は青く見える」に当たり、「自分より他人がよく見える」という意味です。これはネガティブな言葉に思えますが、「実はそう思えるだけで、あなたにもいいところはあるんですよ」と言ってくれているように思えませんか？　他人をうらやましがるのは、ときには向上心を生み出すかもしれませんが、度が過ぎると嫉妬心などネガティブな感情をも生み出すものです。自分の良いところにもぜひ、目を向けてあげてください。

【例】 남의 떡이 커 보이지만 나도 내 나름대로 잘하고 있어!
（他人の餅が大きく見えるけど、自分も自分なりによくやってる！）

05
티끌 모아 태산

ちりを集めて泰山

티끌は「ごみ、ちり」、태산は中国の山東省にある「泰山」のことです。日本のことわざ「ちりも積もれば山となる」と同じ意味です。どんなに小さなことでも、コツコツ積み重ねていけばいずれ大きな成果を生み出します。勉強や仕事などで自分のやっていることに価値を見出せなくなったとき、この言葉をぼそっとつぶやいてみましょう。ちなみに태산は、多いことを表す比喩としても使われます。

【例】 열심히 해 보자. 티끌 모아 태산이잖아.
（精一杯やってみよう。ちりを集めて泰山じゃないか。）

 # 午後からの私を励ましたいとき ⬇DL68

06
금강산도 식후경

金剛山も食後景

금강산は北朝鮮にある「金剛山」、식후경は漢字で書くと「食後景」です。「金剛山の雄大で美しい景色も、食後だからこそ観賞できる」ということから「何よりも食事は大事だ」、つまり「花より団子」「腹が減ってはいくさはできぬ」といった意味になります。밥 먹었어? とあいさつ代わりに尋ねる韓国の人々の姿が目に浮かびます。ようやく迎えたランチタイム。この言葉をつぶやいて、思う存分食事を楽しんでください！

【例】 금강산도 식후경이란다. 배부르게 먹어야지.
（金剛山も食後景と言うしね。お腹いっぱい食べなきゃ。）

07
비 온 뒤에 땅이 굳어진다

雨が降ったあとに地面が固くなる

日本のことわざ「雨降って地固まる」と同じ意味です。人間関係や仕事でトラブルはつきもの。しかし、それが解決してしまえば、もっと良い状態になっていくということです。トラブルの真っ最中はつらいでしょうが、そんなときはぜひこの言葉を思い出してください。

【例】 비 온 뒤에 땅이 굳어지듯이 다 잘 될 거야.
（雨が降ったあとに地面が固くなるように、みんなうまくいくだろう。）

08 금상첨화

錦上添花

漢字で書くと「錦上添花」。漢文を読む要領で書き下すと「錦上に花を添ふ」となります。「錦」は美しい織物のことで、そこに花を添えることから「いいことにさらにいいことが重なる」という意味です。何か一ついいことがあったら、さらにいいことが起こる前触れかもしれません。仕事や勉強で成果を挙げたらこの言葉をつぶやいてみましょう。後にはさらにいいことが待っていることでしょう。

【例】 금상첨화라고 하잖아. 또 좋은 일이 있을 거야.
（錦上添花って言うじゃん。またいいことがありそうだ。）

09 급할수록 돌아가라

急げば急ぐほど回っていけ

日本のことわざ「急がば回れ」と同じ意味です。自分より何かで成果を挙げている人を見ると、ついついあせってしまうものです。「自分も追いつかなきゃ」とあわててしまいますが、この言葉をつぶやいて、一呼吸置いてみましょう。自分のペースで頑張ってみませんか？

【例】 서두르지 말고 천천히 해 보자. 급할수록 돌아가야 하니까.
（あわてずゆっくりやってみよう。急げば急ぐほど回っていかなくちゃだから。）

10 정신일도 하사불성

精神一到　何事不成

漢字で書くと「精神一到　何事不成」。漢文を読む要領で書き下すと「精神一到　何事か成らざらん」となります。「成らざらん」は反語表現で、「精神を集中して物事にあたって、何か成し遂げられないことがあるだろうか？　いや、ない（＝どんなことでも成し遂げられる）」と、言いたいことと反対の内容を疑問の形で示すことで、強い気持ちを表現しています。自分の目標に向かって頑張っていても、どうしても心が折れてしまうことだってあります。そんなとき自分を奮い立たせる言葉として、ぜひ覚えておいてください。

【例】 정싱일도 하사불성의 마음으로 계속 힘내야지！
（精神一到　何事不成の気持ちで、ずっと頑張らないと！）

 おやすみ前、今日の私をいたわりたいとき ⬇DL69

11 안분지족

安分知足

漢字で書くと「安分知足」で、漢文を読む要領で書き下すと「分に安んじ　足るを知る」。これは、「自分の現状に満足し足りていることを知らないと、心が安らぐことはない」という意味です。「もっと成績が良かったら」「もっと財産があれば」など、人間の欲には限りがないものです。しかしそんな欲から嫉妬心などが生まれ、心が落ち着くことはありません。たまにはそういった呪縛から逃れ、心安らかに過ごしてみるのはいかがでしょうか。高みを目指すにしても、まずは自分の身の丈を知り、手の届きそうな目標を立ててみましょう。

【例】 걔가 부럽지만 나는 나야. 안분지족이야.
（あいつがうらやましいけど、自分は自分だ。安分知足だよな。）

12

쥐구멍에도 볕들 날이 있다

ネズミの穴にも陽の差す日がある

日本のことわざでは「待てば海路の日和あり」に当たり、「どんなにつらい人生でも、良いことが起こる日はやってくる」という意味です。職場や学校で何か嫌なことがあった日の夜にこの言葉を思い出し、明日への活力にしてください。

【例】 쥐구멍에도 볕들 날이 있어. 내일은 좋은 날이 됐으면 좋겠다.

（ネズミの穴にも陽の差す日がある。明日は良い日になったらいいな。）

13

한 술 밥에 배부르랴

一さじのご飯で腹がふくれるだろうか？（いや、ふくれない）

-(으)랴は反語表現で、「〜だろうか？ いや、〜ではない」「〜でないだろうか？ いや、〜だ」と訳すことができます。このことわざは、全体で「はじめから大きな成果を期待することはできない」という意味です。仕事や勉強など、自分の努力の成果をすぐに求めてしまいがちです。一日何かに没頭しても思った成果が得られなかった夜、この言葉から「それでいいんだ」という力を受け取ってください。

【例】 나는 할 만큼 했나？ 아니다. 한 술 밥에 배부르랴？

（自分はやるだけのことやったか？ いや。一さじのご飯で腹がふくれるだろうか？）

14

공든 탑이 무너지랴

誠意のこもった塔が倒れるだろうか？ （いや、倒れない）

공든은 공들다(誠意が込もる)という動詞の過去連体形。また、反語表現-(으)랴を用いています。全体では「誠意を込めて行ったことが無駄になることはない」という意味。この言葉を思い出しながら、一日誠意を込めて何かに取り組んだ自分をほめてあげてください。

【例】 이렇게 공들여서 하고 있는데 잘될 수밖에 없지. 공든 탑이 무너지랴？

（こんなに誠心誠意やってるんだから、うまくいかないわけないよ。誠意のこもった塔が倒れるか？）

15

유비무환

有備無患

漢字で書くと「有備無患」で、漢文を読む要領で書き下すと「備へ有れば患ひ無し」（「患」は「憂」と同義）。つまり、日本のことわざでは「備えあれば憂いなし」のことで、「何事も準備をしておけば、いざというときに心配することはない」という意味です。明日はどんなことが起きるでしょうか。持ち物などしっかり準備をして、心配事なくお休みになってください。

【例】 짐을 잘 챙겨야지. 유비무환이잖아.

（荷物をしっかり準備しておかなきゃ。有備無患だしな。）

ここで取り上げた15のことわざ・四字熟語は、
自分を励ますだけでなく、周りの人も
ポジティブな気持ちに導けるフレーズです。
ぜひ会話でも使ってみてください！

直訳から一歩抜け出す

イマドキ日韓翻訳

盧秀暻…執筆

日韓翻訳家。翻訳を手がけた本に『人生が 我らを欺くとも』(『ワイルドサイドをほっつき歩け』／ブレイディみかこ著)、『女たちのテロル』(『女たちのテロル』／ブレイディみかこ著)『子どもたちの階級闘争』(『子どもたちの階級闘争』／ブレイディみかこ著)、『救援の美術館』(『あなたは誰？私はここにいる』／姜尚中著)、『万年の家』(『母の教え』／姜尚中)、『私を活かして働く法』(『逆境からの仕事学』／姜尚中)などがある。

『韓国語ジャーナル2022』では翻訳者の藤田麗子さんに、韓国エッセイを読んだり訳したりする際に参考となる8つのポイントを紹介していただきました。今回はその逆、「日本語を韓国語へ翻訳する」をテーマに、日韓翻訳家の盧秀暻(노수경)さんが「一筋縄ではいかない日韓翻訳の世界」をご案内。韓国の出版社からの依頼で翻訳することが多い盧秀暻さんが、韓国の編集者との対話を通じて気づいた「イマドキ韓国語の傾向」も伝えます。

　　私は、現在日本に住みながら日韓翻訳の仕事をしています。日韓翻訳といってもいろんなジャンルがありますが、私の場合は本の翻訳、特に社会派エッセイの翻訳を多く引き受けています。

　　日本語を学び始めたころ、最初はひらがな、カタカナの習得に苦労しましたが(韓国語学習者の皆さんがハングルを覚えるのに苦労したのと同じです)、文字を覚えてからしばらくは「韓国語ネイティブにとって、日本語ってなんて楽な言語なのだろう」と思っていました。韓国語で考えていることをそのまま日本語にすればおおよその意味は伝えられるので、どんどん書いたり話したりできるようになるのがうれしかったのを覚えています。

　　日本語で話す日常に慣れてきたところで、気になることがありました。「日本の友達と話していると、反応が一拍遅いと感じるのはなぜだろう」。「私の日本語、だいぶ上達したよ？　相手に伝わっていないなんてこと、ないよね？」と一瞬思ったのですが、しばらくして「通じないわけではないけれど、どこかぎこちない日本語で私が話しているから、相手が完全に意味を理解するのに時間がかかっているんだ」と気づきました。皆さんにももしかして、韓国語を話したときに「相手に通じているような、通じていないような……」と感じたご経験があるでしょうか。

　　このコーナーでは、私が日本語を学んだ過程や、日韓翻訳の仕事などを通じて得た経験を踏まえて、韓国語学習者の皆さんが韓国語で表現する際にヒントになりそうなことを紹介します。とてもベーシックな内容になっていますので、気軽な気持ちで読んでみてくださいね。

テーマ1 ▶▶▶ 「〜と言う」を韓国語で表現すると？

「〜と言う」は「-(이)라고 하다」だと学んだ人も多いと思います。ところが、-(이)라고 하다と翻訳すると、韓国の編集者からしばしばチェックが入ります。-(이)라고 하다の代わりにどんな韓国語表現が考えられるでしょうか。例文を見てみましょう。

① これは何と言いますか？

이거 뭐예요? (이것은 무엇이라고 합니까?)

② それはマッコリと言います。

그건 막걸린데요. (그것은 막걸리라고 합니다.)

（　　　　）内の文のように-(이)라고 하다を使っても、もちろん「文法的に正しい文」ですし、相手に通じます。しかし、実際は이거 뭐예요?、그건 막걸린데요.のように、シンプルに表現する場合が多いです。理由は「普通の人が一般的に使う表現だから」「-(이)라고 하다を使うと、まだるっこしいから」。

また、「〜と言う」を③や④のように表現することもあります。

③ 誰もそう言わないと言うんですけど。

아무도 그렇게 말 안 한다고요.

④ あの人は何と言っているの？

저 사람 뭐래는 거야? ※뭐래는은 뭐라고 하는이 縮約した形

文の最後に来る「〜と言う。」にも、いろんな訳し方があります。「言う」の部分を부르다 (呼ぶ)で表現できる場合もあります。

⑤ 「唐辛子が辛い」と言う。

"고추가 맵다"라고.

⑥ 同じことを繰り返しながら、違う結果を望むことを狂気と言う。

**같은 일을 반복하면서 다른 결과를 바라는 것을
광기라고 부른다.**

テーマ2 ▶▶▶ 「思う」「思い」のバリエーション

　「思う」は韓国語では생각하다ですが、「〜と思う」を韓国語に訳すときは注意が必要です。日本の作家の方々は「〜と思う」をよく使います。それを単純に-라고 생각하다と訳すと、韓国語としてはどこかぎこちない印象を与えるので、「もっと短く、シンプルに表現しなくては」、そんな気持ちになります。韓国語では、생각하다の意味を하다だけで表現する場合がよく見られます。

① このような雨の日は、チヂミにマッコリが最高じゃないかと思った。
이런 비가 오는 날은 부침개에 막걸리가 제격이 아닐까 했다.

「〜したいと思う」は-고 싶다、「〜させていただきたいと思う」は-겠다と訳すとすっきりします。

② 雨の日は、チヂミにマッコリを飲みたいと思う。
비 오는 날은 부침개에 막걸리가 먹고 싶다.

③ 私がご案内させていただきたいと思います。
제가 안내해 드리겠습니다.

　それでは「思う」が名詞化した「思い」はどうでしょうか。生각や느낌といった表現、あるいは마음や의지、뜻などの場合もあるでしょう。사랑がしっくりくる場合もありそうですね。

④ 思いがかなう。
뜻이 이루어지다.

⑤ 思いが届いたみたいです。
마음이 전해진 것 같아요.

⑥ 片思いのせいでつらいです。
짝사랑은 괴로워요.

テーマ 3 ▸▸▸ 「あなた」「私・僕」「彼女」の韓国語表現

　日本語の「あなた」に当たる당신は、実際の会話ではあまり用いられないことを知っている人も多いと思います。韓国語の会話においては、「あなた」の代わりにその人の名前で呼ぶことが一般的です。

　一方、エッセイ翻訳の場合、「あなた」はよっぽど特別な場合にしか登場しないので、「あなた」を당신と訳したりもします。また、エッセイ中の会話の中で使われたときでも、너や네ではなく당신を使うほうがしっくりくる場合もあるので、その場合は당신と訳します。

　それでは、「私」や「僕」はどうでしょうか。나や저で翻訳されるのが一般的ですが、原文に出てくる通りに「私」や「僕」を忠実に訳すところから離れて、もう少し洗練された訳し方はないかといつも考えています(そして、そのたび頭を悩ませています)。

　翻訳するときに頭が痛いのは、「彼女」の訳し方です。「韓国語の三人称は伝統的に男女関係なく그としてきたので、그でよい」という考え方と、「それでは女性であることが伝わらないので、그녀としたほうがよい」という考え方があるからです。ここで覚えておいていただきたいのは、「女性を指す場合でも、그と訳して問題ない」ということです。

テーマ 4 ▸▸▸ 「〜しなければならない」をどう訳す？

　最近、韓国の編集者から「簡潔に訳してほしい」というフィードバックが多いと感じています。代表的なのが「〜しなければならない」で、これをそのまま-지 않으면 안 되다と訳すと、ほぼ100パーセント-야 하다に修正されます。なので、「文脈上、ここはどうしても-지 않으면 안 되다で訳したい」と思うところが出てきたら、編集者に丁寧に説明しなくてはなりません(説明하지 않으면 안 됩니다, 아니 설명해야 합니다.)。なお、会話体の場合は-아/어야지と訳せます。

① 今日歩かねば、明日走らなければならない。

오늘 걷지 않으면 내일은 달려야 한다.

② 交通規則は守らなきゃ。

교통규칙은 지켜야지.

翻訳の仕事をしていて、よく登場する構文の一つがこの「〜するかもしれない」かもしれないです。リズムよく、理解しやすい韓国語文にするために、単純に-ㄹ지도 모르겠다と訳すほかに、さまざまな表現を使います。翻訳された韓国語文を読んだときに、「原文より意味が明確になっている」「原文より少し強い表現のように感じる」ことがあるとすれば、このようなことも影響しているかもしれません。

① 「思う」という言葉はそんなに使わないかもしれない。

‘생각하다’는 그리 많이 쓰는 말이 아닐 것이다.

② 彼だって事情があったかもしれない。

그에게도 나름의 사정이 있었으리라.

③ 何か起きたのかもしれない。

무슨 일이 일어난 것 같다.

テーマ**6** ▶▶▶ 「かっこ」あれこれ

韓国語と日本語では、かっこの種類が異なります。以下が標準的な使い方になりますので、参考にしてみてください。

1）引用符／따옴표

① " 　　　　 " （큰 따옴표／大きい引用符）

   A. 発言をそのまま提示するときに使う。

"제가 갈게요." [私が行きます]

   B. 言葉や文章をそのまま引用するときに使う。後ろに - 라고または - 라는が続くことが多い。

도쿄역에 내려 밤하늘을 보자마자 "나는 아무 걱정도 없이 가을 속의 별들을 다 헤일 듯합니다"라는 시구를 떠올렸다.

東京駅に降り立ち、夜空を見るやいなや「私は何の心配もなしに　秋の中の星々を数えたような気がします」という詩の一節を思い出した。

② '   ' (작은 따옴표／小さい引用符)

A. 引用した言葉の中に、さらに引用した言葉を入れる場合に使う。

그는 "여러분 '시작이 반이다'라는 말을 들어 보셨지요?"라고 했다.

彼は「皆さん、『始めが半分だ』という言葉を聞いたでしょう？」と言った。

B. 心の中で言った言葉を書くときに使う。

나는 '불닭은 참 맵구나'하고 생각하였다.

私は「プルダック（鶏の激辛炒め）は本当に辛いなあ」と思った。

---

tips　引用符の中のピリオド（句点）は、引用した文章が叙述文、命令文、勧誘文の場合に入るのが原則だが、入らなくてもよい。

나는 "지금 바로 가자."라며 자리에서 일어났다.（○）
나는 "지금 바로 가자"라며 자리에서 일어났다.（○）
私は「今すぐ行こう」と言って、席を立った。

2）かぎかっこ類と山かっこ類／낫표와 화살괄호

①『　　　　　』（二重かぎかっこ／**겹낫표**）、**《　　　　　》**（二重山がっこ／**겹화살괄호**）

単行本のタイトル、新聞の名前　※これらは、いずれも大きい引用符（"　　　"）で代用可能。

②「　　　　　」（かぎかっこ／**홑낫표**）、**〈　　　　　〉**（山がっこ／**홑화살괄호**）

論文のタイトル、絵、映画、歌などの芸術作品のタイトル
※これらは、いずれも小さい引用符（'　　　'）で代用可能。

（ 簡単に短く、もっと短く！ ）

今の韓国語を取り巻く状況の一つに「말줄임 문화」があります。日本語に訳せば「略語文化」とでも言えるでしょうか。略語や短い言葉にすることが、韓国では日本以上に一般的になっています。SNSなどでも「오운완（오늘의 운동 완료：今日の運動完了）」といった略語を見かけますし、「워라밸（워크 라이프 밸런스：ワークライフバランス）」のように完全に定着した略語もあります。

これは若いMZ世代だけの傾向なのかと思いきや、実は略語や短い言葉は、韓国人の気質に合ったもののようです。例えば、1980年代までは「大根」と言えば무우が標準語でした。ところが、90年代に入って무が標準語になりました。우の音が落ちた무のほうがより広く使われていたのが決め手となり、標準語になったというわけです。

また、日本の地名や人名も短く表記されます。例えば、「飯田橋（いいだばし）」は韓国語では이다바시となり、「板橋（いたばし）」との区別がつきづらくなります。「東京（とうきょう）」は도쿄、「大阪（おおさか）」は오사카、「京都（きょうと）」は교토、「新潟（にいがた）」は니가타、「大分（おおいた）」は오이타。日本語の発音を知っている人から見れば、少し詰まったような感じに聞こえるかもしれません。

韓国の昔話

このコーナーでは、金京子先生が選び、リライトした「韓国の昔話」を読んでいきます。語彙・文法が考慮され、起承転結がはっきりしているので、楽しみながら読めますよ。朗読音声もありますので、目からだけでなく、耳からも昔話の世界を味わってみましょう。

金京子…執筆
同志社大学講師。共著に『キクタン韓国語【上級編】』(アルク)、『絵で学ぶ韓国語文法』(白水社)など多数。

椋尾倫己…イラスト

나무 그늘을 산 젊은이

木陰を買った若者

⬇ DL70

옛날 어느 마을에 **욕심쟁이**① **영감**②이 살았어요. 욕심쟁이 영감의 집 앞에는 커다란 나무가 있어서 여름이 되면 시원한 **그늘**③을 만들어 주었어요. 그날도 욕심쟁이 영감이 그늘에서 **낮잠**④을 자고 일어났는데, 어떤 젊은이가 땀을 흘리며 나무 그늘에 들어왔어요.

"아이고, 오늘 진짜 덥네요. 여긴 시원하니까 그래도 좀 낫네요."

"아니, 넌 누구냐? 여긴 내 그늘이야. 어서 당장 나가**지 못해**⑤."

욕심쟁이 영감은 커다란 나무는 **조상님**⑥이 심은 것이니 그늘도 자기 것이라며, 젊은이에게 당장 나가라고 했어요. 젊은이는 영감이 욕심쟁이인 줄은 알고 있었지만, 나무 그늘까지 자기 것이라는 말에 **어이가 없**⑦었어요. 그래서 한번 **골탕을 먹여**⑧야겠다고 생각했어요.

"영감님, 그럼 이 나무 그늘을 저한테 파시면 안 될까요? 우리 같은 농부들한테도 더울 때 좀 쉴 그늘이 필요해서요."

単語・表現
①**욕심쟁이** : 欲張り
②**영감(님)** : 旦那(様)、老年の男性に対する敬称
③**그늘** : 陰
④**낮잠** : 昼寝
⑤**-지 못해** : ～しろ、～しなさい(反語的)
⑥**조상(님)** : 先祖(ご先祖様)
⑦**어이가 없다** : あきれる
⑧**골탕을 먹이다** : ひどい目に合わせる

昔、ある村に欲張りのおじいさんが住んでいました。欲張りのおじいさんの家の前には大きな木があり、夏になると涼しい陰を作ってくれました。その日も、欲張りのおじいさんが木陰で昼寝をして起きたところに、ある若者が汗を流しながら入ってきました。

「いやいや、今日は本当に暑いですね。ここは涼しいから、それでもましですね。」

「おい、お前は誰だ？ ここは俺の陰だぞ。今すぐ出ていきなさい。」

欲張りのおじいさんは、大きな木はご先祖様が植えたものだから陰も自分のものだ、今すぐ出ていけと若者に言いました。若者はおじいさんが欲張りだと知っていましたが、木陰まで自分のものだという言葉にあきれました。それで、一度ひどい目にあわせようと考えました。

「おじいさん、それではこの木陰を私に売っていただけませんか？ 私たちのような農夫にも暑いときに休める陰が必要なので。」

"그래? 뭐 그렇다면 내가 손해를 보더라도 팔아야지."

욕심쟁이 영감은 생각지도 못했던 돈을 벌게 됐다고 속으로 좋아하며 돈을 받고 그늘을 팔았어요.

"영감님, 이제 이 그늘은 제 겁니다. 절대 다른 말을 하시면 안 돼요."
"물론이지. 이제부터 이 그늘은 모두 **자네**⑨ 것이야. 내가 약속하지."

그후 젊은이는 날마다 **한낮**⑩에 그늘에 와서 쉬고 또 일을 했어요. 그러던 어느날, 젊은이가 **밭일**⑪을 일찍 끝내고 그늘 아래서 낮잠을 자고 있었어요. 그런데 오후가 되어 해가 **기울**⑫자 나무 그늘이 점점 욕심쟁이 영감의 집 쪽으로 기울어지더니 집 **마당**⑬까지 길게 늘어났어요. 젊은이는 그늘을 따라 영감의 집에 들어가 누웠어요.

"아니, 이 **도둑놈**⑭아. 왜 남의 집에 들어와 누워 있는 거냐?"
"뭐라고요? 도둑놈**이라뇨**⑮. 여긴 제 그늘이에요. 영감님이 저한테 이 그늘을 파셨잖아요? 아닌가요?"

単語・表現
⑨ **자네**：君（大人に使う）
⑩ **한낮**：真昼
⑪ **밭일 [반닐]**：畑仕事
⑫ **기울다**：傾く
⑬ **마당**：庭
⑭ **도둑놈**：泥棒野郎
⑮ **-(이)라뇨**：～だなんて。-(이)라니요の縮約形

「そうか？　そんなに言うなら、俺が損をこうむってでも売らなきゃな。」
　欲張りのおじいさんは、思いもよらなかったお金を稼ぐことになりそうだと、腹の中でほくそ笑みながらお金を受け取り、陰を売りました。
「おじいさん、もうこの陰は僕のものです。絶対に他言はなしですよ。」
「もちろんだ。これからは、この陰は全部君のものだ。俺が約束する。」
　それから、若者は毎日真昼に陰へやってきて休み、また仕事をしました。そんなある日、若者が畑仕事を早く終えて、陰の下で昼寝をしていました。しかし、午後になり日が傾くと、陰がだんだん欲張りのおじいさんの家のほうにずれていき、家の庭まで長く伸びました。若者は陰に沿っておじいさんの家に入っていき、寝そべりました。
「なんだ、この泥棒野郎。どうして人の家に入って寝転んでいるんだ？」
「何ですって？　泥棒野郎だなんて。ここは僕の陰ですよ。おじいさんが僕にこの陰をお売りになったじゃないですか？　違いますか？」

젊은이는 매일 나무 그늘을 따라 영감의 집 마당으로 **마루**⁽¹⁶⁾로 방으로 **옮겨**⁽¹⁷⁾ 다녔어요. 욕심쟁이 영감은 해가 기울면 그늘이 길어진다는 걸 **깜박**⁽¹⁸⁾ 잊고 있었던 거예요. **그제서야**⁽¹⁹⁾ 자신이 실수했다는 것을 깨달았지만 이미 약속을 했기 때문에 **어찌할 도리가 없**⁽²⁰⁾었어요. A

며칠 후, 욕심쟁이 영감의 집에서 **잔치**⁽²¹⁾가 열렸어요. 마당에서 손님들과 **둘러앉**⁽²²⁾아 맛있는 음식을 먹으며 이야기를 나누고 있을 때, 나무 그늘이 마당 한가운데로 길게 늘어졌어요. 그때 친구들과 그늘에서 쉬고 있던 젊은이가 친구들을 데리고 욕심쟁이 영감의 집 마당으로 들어왔어요.

"저 젊은이들은 누굽니까?"

손님들이 욕심쟁이 영감에게 어찌된 일인지 물었지만 영감은 당황해서 아무 말도 못했어요.

"전 얼마 전에 여기 영감님한테 나무 그늘을 산 사람입니다. 나무 그늘이 여기 마당까지 옮겨 왔으니, 지금 이 마당은 제 겁니다. 영감님, 맞죠?"
"뭐라고? 나무 그늘을 돈을 받고 팔았다고? 아무리 욕심쟁이라도 어찌 그런 일을. **상종 못 할**⁽²³⁾ 사람이네."

손님들은 **하나같이**⁽²⁴⁾ 욕심쟁이 영감을 **욕하**⁽²⁵⁾며 모두 돌아가 버렸어요. 손님들 앞에서 **창피를 당한**⁽²⁶⁾ 영감은 **고개를 들**⁽²⁷⁾ 수가 없었어요.

그런 일이 있고 나서 욕심쟁이 영감은 자신의 잘못을 **뉘우치**⁽²⁸⁾고 젊은이에게 돈을 돌려줬다고 합니다. B 그리고 나무 그늘은 마을 사람 모두의 **쉼터**⁽²⁹⁾가 되었답니다.

単語・表現

⑯ 마루 : 床
⑰ 옮기다 : 移す
⑱ 깜박 : うっかり（と）
⑲ 그제서야 : ようやく
⑳ 어찌할 도리가 없다 : どうすることもできない
㉑ 잔치 : 宴会
㉒ 둘러앉다 : 囲んで座る
㉓ 상종하다 : 付き合う、親しく交わる
㉔ 하나같이 : 一様に、揃って
㉕ 욕하다 : 悪口を言う、罵る
㉖ 창피를 당하다 : 恥をかく
㉗ 고개를 들다 : 顔を上げる
㉘ 뉘우치다 : 悔いる
㉙ 쉼터 : 憩いの場

若者は毎日木陰に沿っておじいさんの家の庭へ、床へ、部屋へと移ってきました。欲張りのおじいさんは、日が傾けば陰が伸びることをうっかり忘れていたのです。ようやく自分がしくじったことを悟りましたが、すでに約束したため、どうすることもできませんでした。

数日後、欲張りのおじいさんの家で宴会が開かれました。庭でお客さんたちが円になって座り、おいしいごちそうを食べながら話をしていると、木陰が庭の真ん中に長く伸びました。そのとき、友達たちと陰で休んでいた若者が、友達を連れて欲張りのおじいさんの家の庭へ入ってきました。

「あの若者たちは誰ですか？」

お客さんたちは欲張りのおじいさんにどうしたことかと尋ねましたが、おじいさんはうろたえて何も言えませんでした。

「私は、少し前にここのおじいさんから木陰を買った者です。木陰がここの庭まで動いてきたので、今この庭は私のものです。おじいさん、そうですよね？」

「何だって？ 木陰を、お金を受け取って売っただと？ いくら欲張りでも、どうしてそんなことを。そんな人とは付き合えないね。」

お客さんたちは揃って欲張りのおじいさんを罵り、みな帰ってしまいました。お客さんの前で恥をかいたおじいさんは、顔を上げることができませんでした。

そんなことがあってから、欲張りのおじいさんは自分の過ちを悔いて、若者にお金を返したそうです。そして、木陰は村の人々みんなの憩いの場となりましたとさ。

〈 確認クイズ 〉

この昔話の内容と一致しないものを選んでください。

1. 젊은이는 농부들한테도 더운 날에 쉴 그늘이 필요하다며 그늘을 팔아 달라고 했다.

2. 욕심쟁이 영감은 그늘을 팔고 싶지 않았으나 돈이 필요해서 그늘을 팔기로 했다.

3. 욕심쟁이 영감은 해가 기울면 나무 그늘이 길게 늘어난다는 사실은 알고 있었지만 그늘을 팔 때는 깜박 잊고 있었다.

4. 욕심쟁이 영감 집에서 잔치가 열린 날, 젊은이는 친구들을 데리고 맛있는 음식을 먹으려고 찾아갔다.

5. 돈을 받고 그늘을 팔았다는 이야기를 들은 손님들은 모두 욕심쟁이 영감을 욕했다.

【正解】2（木陰が、思いもよらない形でお金になったことにほくそ笑んだので）、4（友達と一緒に休んでいた若者は、伸びた陰に沿って移動してきたので）

【確認クイズの選択肢　日本語訳】
1. 若者は農夫たちにも暑い日に休める陰が必要だと言って、陰を売ってくれと言った。
2. 欲張りのおじいさんは、陰を売りたくなかったが、お金が必要なので陰を売ることにした。
3. 欲張りのおじいさんは、日が傾くと木陰が長く伸びるという事実を知っていたが、陰を売るときはうっかり忘れていた。
4. 欲張りのおじいさんの家で宴会が開かれた日、若者は友達を連れておいしいごちそうを食べようとやってきた。
5. お金を受け取って陰を売ったという話を聞いたお客さんたちは、みな欲張りのおじいさんを罵った。

このお話の「ある場面」にピッタリの
ことわざ・四字熟語を紹介します!

1. 빼도 박도 못하다 【本文A部分】

直訳:引き抜くことも打ち込むこともできない

意味:抜き差しならない、にっちもさっちも行かない

例)사업을 시작한 지 1년, 이제 빼도 박도 못하게 생겼다.

事業を始めてから1年、抜き差しならなくなった。

2. 개과천선 【本文B部分】

直訳:改過遷善

意味:過ちを悔い改めて良くなること

例)그 사람은 사기를 친 적도 있는데 이제 개과천선해서 자원봉사를 하고 있대.

あの人は詐欺を働いたこともあるけれど、今は過ちを悔い改めてボランティア活動をしているんだって。

スギザップ先生の 基礎力アップドリル

TOPIK Ⅱ 10点アップも夢じゃない！

杉山明枝…執筆
埼玉県生まれ。コリ文語学堂（TOPIK、ハン検、全国通訳案内士試験対策講座担当）、群馬大学、大妻女子大学などで講師を務めている。

hime…イラスト

韓国語学習の良きペースメーカになってくれる資格試験を、定期的に受けている人も多いと思います。『韓国語ジャーナル2022』に続き、厳しくも温かい指導で知られるスギザップ先生が、TOPIK（韓国語能力試験）Ⅱの形式に沿った「基礎力アップドリル」をお届けします。

受験生の皆さんが苦手とする形式の問題に絞って出題していますので、ぜひチャレンジしてみてください。解説までしっかり読めば、10点アップも夢じゃない！

問題文作成協力：金恩愛（立教大学准教授）

1時間目 | 듣기 聞き取り

[1] 다음을 듣고 내용과 일치하는 것을 고르십시오. ⬇DL71

1.　① 여자는 회의 시간이 바뀐 걸 몰랐다.
　　② 여자는 자료를 혼자 준비하고 싶어 한다.
　　③ 남자는 회의 시간을 1시로 착각하고 있다.
　　④ 남자는 회의 준비를 도우려고 일찍 도착했다.

[2] 다음을 듣고 내용과 일치하는 것을 고르십시오. ⬇DL72

2.　① 교통 통제는 오후 두 시부터이다.
　　② 집회 시간에 종로로 가려면 돌아서 가야 한다.
　　③ 을지로와 종로에서 오늘 대규모 집회가 개최될 예정이다.
　　④ 오늘 오후에 시청으로 갈 때에는 대중교통을 이용하는 게 좋다.

[3~4] 다음을 듣고 물음에 답하십시오. ⬇DL73

3.   남자의 중심 생각으로 알맞은 것을 고르십시오.

① 환경문제는 회사 결정이 중요하다.
② 자전거 출퇴근은 회사 방침에 따라야 한다.
③ 회사 근처에 사는 사람만 자전거로 출근하면 된다.
④ 지구 온난화 문제는 개개인의 작은 실천이 중요하다.

4.   남자의 태도로 가장 알맞은 것을 고르십시오.

① 회사 방침의 문제점을 분석하고 있다.
② 상대방 의견에 전적으로 반박하고 있다.
③ 자전거 전용도로의 효용성을 역설하고 있다.
④ 환경문제에 대한 합리적 해결책을 제시하고 있다.

[5~6] 다음은 대담입니다. 잘 듣고 물음에 답하십시오. ⬇DL74

5.   이 대담 앞의 내용으로 알맞은 것을 고르십시오.

① 다양한 소비자층을 확보할 필요가 있다.
② 신제품을 홍보하는 데 많은 비용이 들었다.
③ 이 회사 제품은 젊은 사람들에게 인기가 있다.
④ 온라인 광고 시장은 앞으로 크게 성장할 것이다.

6.   들은 내용과 일치하는 것을 고르십시오.

① 신제품은 올 가을에 출시될 예정이다.
② 온라인 광고는 비용 대비 효과가 없다.
③ 모든 소비자층을 대상으로 홍보할 것이다.
④ 젊은 층에게 인기 있는 제품을 만들 것이다.

[1~2] 다음을 읽고 물음에 답하십시오.

매년 새해가 되면 많은 사람들이 '새해 목표'를 세우며, 새로운 다짐을 한다. 그중 체중 감량과 다이어트에 관심이 있는 사람들은 '한 달에 10kg을 빼겠다', '간식은 입에도 대지 않겠다', '하루 한 끼만 먹겠다'와 같이 실현 가능성이 낮은 목표를 세우곤 한다. 그러나 자신의 능력과 현실을 고려하지 않고 무리한 계획을 세우면 (   ) 끝나기 쉽다. 따라서 목표를 이루려면, '한 달에 2kg씩 빼기', '간식 줄이기', '저녁은 6시 이전에 조금만 먹기'와 같이 꾸준히 실천할 수 있는 실현 가능한 목표를 세우는 것이 중요하다.

1. ( )에 들어갈 말로 가장 알맞은 것을 고르십시오.

① 금상첨화로
② 작심삼일로
③ 전화위복으로
④ 동문서답으로

2. 윗글의 주제로 가장 알맞은 것을 고르십시오.

① 무분별한 다이어트는 건강에 해롭다.
② 무리한 계획이라도 꾸준히 노력하면 이룰 수 있다.
③ 다이어트는 자신의 능력 향상에 큰 도움이 된다.
④ 목표를 달성하려면 실천 가능한 목표를 세워야 한다.

[3〜4] 다음을 읽고 물음에 답하십시오.

3.   밑줄 친 부분에 나타난 '아이' 의 심정으로 알맞은 것을 고르십시오.

옛날 어느 마을에 새를 무척 좋아하는 아이가 살고 있었다. 또래 친구가 없었던 그 아이에게 바다는 유일한 놀이터였다. 아이는 파도가 밀려오는 바닷가에서 혼자 조개껍질과 돌멩이를 줍기도 하고, 그러다 지루해지면 바다 위를 맴도는 새들을 쫓아 헤엄도 쳤다. 연로한 할머니와 단 둘이 사는 외로운 아이에게 바닷가 새들은 고마운 친구였다. 할머니 몰래 숨겨 온 밥알 몇 개를 '배고프지?' 하고 나눠 주며, 다가오는 새들에게 '너는 작으니까 꼬마.', '너는 눈이 커서 왕눈이.' 하고 하나하나 이름을 붙여가며 깔깔대는 아이는 마냥 즐거워 보였다. 모래 사장에 내려 앉은 새들 뒤로 살금살금 다가가 '와!' 하고 놀래키는 아이의 큰 소리에 퍼득이며 일제히 하늘로 날아오르는 새들을 힘차게 뒤쫓는 <u>아이의 얼굴엔 함박꽃이 활짝 피어 있었다.</u>

① 그립다
② 뿌듯하다
③ 행복하다
④ 자랑스럽다

4.   윗글의 내용과 같은 것을 고르십시오.

① 아이는 바다에서 돌도 줍고 수영도 했다.
② 아이가 외로운 건 연로한 할머니 때문이었다 .
③ 아이는 새들과 노는 것이 심심해서 조개를 주웠다.
④ 아이가 사는 마을에는 나이가 비슷한 친구가 많았다.

[5] 다음을 읽고 글의 내용과 같은 것을 고르십시오.

5.

> 워킹홀리데이는 줄여서 '워홀'이라고도 하는데, 만 18세에서 30세의 청년들이 협정체결 국가에 머무르며, 다양한 경험을 통해 글로벌 마인드를 함양할 수 있는 제도이다. 생활이나 여행 등 체류에 필요한 경비는 아르바이트를 통해 자력으로 마련할 수 있다. 워킹홀리데이로 해당 국가에 체류하기 위해서는 '워킹홀리데이 비자'를 소지해야 한다. 비자는 대사관이나 이민국 등 국가별 담당 기관에서 신청할 수 있다. 단, 신청 기간, 신청 방법 등은 예고 없이 변경될 수 있으니 신청 전 담당 기관에 재확인을 권장한다.

① 워킹홀리데이를 가려면 비자가 필요하다.
② 워킹홀리데이에 관한 정보는 잘 바뀌지 않는다.
③ 워킹홀리데이의 취지는 청년들의 경제적 자립이다.
④ 워킹홀리데이보다 '워홀'이라는 말이 보다 일반적이다.

[6] 주어진 문장이 들어갈 곳으로 가장 알맞은 것을 고르십시오.

6.

> 인공지능은 인간의 지능적인 행위를 흉내 내는 컴퓨터 시스템인데, 어느새 우리 생활 곳곳에 깊숙이 관여하고 있다. (ㄱ) 의료, 교육, 산업 현장 등 다양한 영역에서 급속도로 발전하며, 그 가치를 인정받고 있다. (ㄴ) 인공지능이 반복적이고 단순한 일, 그리고 위험하고 복잡한 일 등, 여러 형태로 인간을 대신하면서 우리의 일상은 많이 편리해졌다. (ㄷ) 왜냐하면 이미 개발 과정에서 많은 문제점들이 드러났기 때문이다. (ㄹ)

───── < 보 기 > ─────

> 하지만, 편리함의 이면에 숨겨진 인공지능의 위험성에 대해서도 깊이 고민해 볼 필요가 있다.

① ㄱ   ② ㄴ   ③ ㄷ   ④ ㄹ

超詳しい！ **解答・解説**

1時間目 듣기 聞き取り

[1] 正解：④

問題のタイプ

男女の短い対話を聞いて解く問題です。4つの選択肢の主語は、基本的に男性・女性それぞれ2つずつ提示されます。また、選択肢の内容は、聞いた内容と類似したもの、あるいは要約したものであることが多いです。

☆正解への道！

この問題パターンの場合、男性が女性に伝える内容について出題される傾向があるので、特に男性の言葉に注意して聞く必要があります。

会話の中には選択肢①にある「会議の時間が変わった」という内容は含まれていません。「혹시, 회의 시간이 1시부터였어요？(もしかして、会議の時間が1時からでしたか？)」に引きずられないように注意。また、会話の中で男性が「연수 씨 혼자 자료 준비하려면 힘들 것 같아서(ヨンスさん一人で資料を準備するのは大変そうなので)」と述べていますが、女性が一人で準備したがっているのではないので、②は不正解。また③についても、男性が会議の時間を1時と勘違いして来たのではないので、不正解。会話全体を聞くと「男性が会議の時間より早い1時に来たこと」と「前もって手伝いに来た」ことが分かるので、④が正解であることが導けます。

【音声スクリプト＋日本語訳】
1. 다음을 듣고 내용과 일치하는 것을 고르십시오.
남자：연수 씨, 회의 준비는 다 됐어요？잘 돼 가요？
여자：어, 과장님, 일찍 오셨네요. 오늘 회의는 2시부터인데……혹시, 회의 시간이 1시부터였어요？
남자：아뇨. 연수 씨 혼자 자료 준비하려면 힘들 것 같아서, 미리 좀 도와주러 왔어요. 백지장도 맞들면 낫잖아요.
여자：과장님, 정말 고맙습니다. 복사할 것도 너무 많고 해서 시간 안에 끝낼 수 있을까 걱정하고 있었거든요.

1. 次を聞いて、内容と一致するものを選んでください。
男性：ヨンスさん、会議の準備は完了しましたか？ うまくいってますか？
女性：あ、課長、早くいらっしゃいましたね。今日の会議は2時からですが……。もしかして、会議の時間が1時からでしたか？
男性：いいえ。ヨンスさん一人で資料を準備するのは大変そうなので、前もってちょっと手伝いに来ました。「紙1枚でも2人で持ち上げれば軽い」というではないですか。
女性：課長、本当にありがとうございます。コピーするもの

もあまりに多くて、時間内に終わらせることができるか心配していたんです。

① 女性は会議の時間が変わったことを知らなかった。
② 女性は資料を一人で準備したがる。
③ 男性は会議の時間を1時と勘違いしている。
④ 男性は会議の準備を手伝おうと、早く到着した。

ポイント表現

다 되다　完了する
백지장[白紙帳]도 맞들면 낫다　「紙一枚でも二人で持ち上げれは軽い」。백지장は白い紙のこと。「紙一枚を持ち上げるようなたやすいことでもみんなでやればすぐに終わる」「どんなに簡単なことでも、みんなで協力したら簡単だ」という意味のことわざ
복사[複写]하다　コピーする
착각[錯覚]하다　勘違いする、錯覚する

[2] 正解：④

問題のタイプ

地域行事や行政サービス、公共施設、公演などに関する情報を聞いて答える問題です。今回は「交通情報」を出題しています。

☆正解への道！

地名や交通に関する用語など、これまで聞いたことがない語彙が出てくるかもしれません。分からない単語が出てきてもあわてずに、把握した情報から意味を推測してみましょう。
交通情報の主な内容は「今日の午後2時から、ソウル市庁前で2万人余りが参加する大規模集会が行われる」「ソウル市庁周辺は、昼12時から午後6時まで交通規制が行われる」「バスを除くすべての車両が交通規制の対象で、乙支路や鍾路に迂回しなくてはならない」「ソウル市庁方面に行く人は、バスや地下鉄を利用してほしい」。なお、「交通規制が行われる」ことは、차로가 통제됩니다(車線が統制されます)という表現から分かります。
①は、午後2時からあるのは「大規模集会」なので不正解。②は「ソウル市庁に行くには回って行かなくては（＝迂回しなくては）ならない」のであって、鍾路に行く場合ではないので不正解。③は大規模集会が行われる場所が間違っているので不正解。④のポイントは大衆交通[大衆交通]。これは「公共交通機関」のことで、バスや地下鉄がそれに当たります。交通情報の中に버스나 지하철을 이용하시기 바랍니다(バスや地下鉄をご利用ください)とあり、言い換え表現として大衆交通が使われていることが分かります。従って正解は④です。

【音声スクリプト＋日本語訳】
2. 다음을 듣고 내용과 일치하는 것을 고르십시오.
교통정보입니다. 오늘 오후에 외출하실 분들은 미리 교통 상황을 확인해 보셔야겠습니다.

오늘 오후 2시부터 서울 시청 앞에서 2만여 명이 참가하는 대규모 집회가 열리는데요. 이에 따라 시청 주변 차로가 낮 12시부터 6시까지 통제됩니다. 버스를 제외한 모든 차량은 을지로나 종로 방향으로 우회해야 하니까요, 이 시간에 시청 방향으로 가실 분들은 버스나 지하철을 이용하시기 바랍니다.

....

2. 次を聞いて、内容と一致するものを選んでください。
交通情報です。今日の午後に外出される方は、あらかじめ交通状況を確認してみなければなりません。今日の午後2時からソウル市庁前で2万人余りが参加する大規模集会が開かれます。これにより、市庁周辺は昼12時から6時まで交通規制を行います。バスを除くすべての車両は乙支路や鍾路方向に迂回しなければならないので、この時間に市役所方向に行かれる方はバスや地下鉄をご利用ください。

① 交通規制は午後2時からである。
② 集会（が行われている）時間に鍾路へ行くには、迂回しなくてはならない。
③ 乙支路と鍾路で今日、大規模集会が開催される予定である。
④ 今日の午後に、市庁に行くときには公共交通機関を利用するのがよい。

☑ ポイント表現

교통정보　交通情報
시청　市庁、市役所
대규모 집회　大規模集会
이에 따라　これにより、これに伴い
차로 [車路]　車線
통제되다　統制される
제외하다　除外する
우회하다　迂回する
대중교통 [大衆交通]　公共交通機関

|||||||||||||||||||||||||||||||||||||||||||||||||||||||||

[3~4] 正解：3. ④　4. ②

✎ 問題のタイプ

対話を聞いて、話者の考えや態度を選ぶ問題です。基本的に、意見が相反する男性と女性の対話で構成されます。3は男性の中心的な考えを問う問題です。4は男性の態度として、最も適切な選択肢を選ぶ問題です。

☆ 正解への道！

対話を聞きながら、男性と女性がどんな立場で話しているかを把握するのが、正解を導くポイントとなります。また、態度を表す関連表現を押さえておくと、選択肢を選ぶときに参考になります。以下を参考にしてください。

【態度を表す関連表現】
옹호하다（擁護する）설명하다（説明する）소개하
（紹介す

る）인정하다（認める、認定する）밝히다（明らかにする）제기하다（提起する）분석하다（分析する）강조하다（強調する）제안하다（提案する）요구하다（要求する）반박하다（反論する、反駁する）비판하다（批判する）의심하다（疑う）토로하다（吐露する）우려하다（憂慮する）비교하다（比較する）평가하다（評価する）기대하다（期待する）전망하다（展望する）예상하다（予想する）예측하다（予測する）제 생각에는（私の考えでは）　-은/는 것 같아요（～だと思います）　-지 않아요?（～ではないですか？）

3. 中心的な考えは、対話文の最後のほうに出てくることが多いので、特に集中して聞き取りましょう。この対話文の場合、男性の中心的な考えは「조금 불편해도 일상에서 실천할 수 있는 작은 일부터 다 함께 노력해 가야죠.（少し不便でも、日常で実践できる小さなことからみんなで努力していかなくては。）」という一言に表れています。4つの選択肢を見ると、④に개개인의 작은 실천（個々人の小さな実践）とあり、会話文の実践할 수 있는 작은 일を言い換えていることが分かります。

4. 女性は、地球温暖化を心配して自転車通勤をする趣旨は理解できるものの、交通量の多い通勤時間帯の自転車通勤は危険であり、まして会社の方針でそれを決めることは到底理解しづらいという意見を表明しています。これに対し男性は、自転車通勤をする際には自転車専用道路を利用すればよいので問題はないと反論しています。また、地球を生かすために、一人ひとりが自転車通勤のような小さな実践から始めなくてはならないと主張しています。つまり、両者の意見は全く正反対であるため、正解は②となります。

【音声スクリプト＋日本語訳】
[3~4] 다음을 듣고 물음에 답하십시오.
여자: 요즘은 지구 온난화를 걱정해서 자전거를 타고 회사에 다니는 사람들이 많아지고 있다는 것은 저도 인정합니다. 하지만 출퇴근 시간에는 차도 많고, 도로도 복잡해서, 자전거를 타는 건 너무 위험할 것 같아요.
남자: 그건 자전거 전용도로가 있어서 문제가 안 될 겁니다. 저는 지구 온난화는 한 사람, 한 사람이 각자의 인식과 행동을 바꾸면 반드시 해결될 수있을 거라 믿습니다.
여자: 그렇다고 해서 자율적으로 타는 것도 아니고, 자전거 출퇴근을 회사 방침으로 정하다니요. 환경 문제도 중요하지만, 그건 도저히 이해하기 힘든데요.
남자: 우리 회사는 모든 직원이 회사 가까이에 살고 있으니까 전혀 문제 없을 겁니다. 조금 불편해도 일상에서 실천할 수 있는 작은 일부터 다 함께 노력해 가야죠. 우리 노력이 지구를 살릴 수 있다는 점을 꼭 생각해 보시기 바랍니다.

....

[3~4] 次を聞いて、問いに答えてください。
女性：最近は地球温暖化を心配して自転車で会社に通う人が増えていることは私も認めます。しかし通勤時間には車も多いし、道路も混雑しているので、自転車に

乗るのは危険すぎると思います。

男性：それは自転車専用道路があるので問題にならないでしょう。私は、地球温暖化は一人ひとりが各自の認識と行動を変えれば必ず解決できると信じています。

女性：だからといって自発的に乗るわけでもないし、自転車通勤を会社の方針で決めるだなんて。環境問題も重要とはいえ、それは到底理解しづらいのですが。

男性：我々の会社は全ての職員が会社の近くに住んでいるので、まったく問題ないでしょう。少し不便でも、日常で実践できる小さなことからみんなで努力していかなくては。私たちの努力が地球を生かすことができるという点をぜひ考えてみてください。

3. 男性の中心的な考えとして、適切なものを選んでください。
① 環境問題は会社の決定が重要だ。
② 自転車通勤は、会社の方針に従わなければならない。
③ 会社の近くに住んでいる人だけ、自転車で出勤すればいい。
④ 地球温暖化問題は、個々人の小さな実践が重要だ。

4. 男性の態度として、最も適切なものを選んでください。
① 会社方針の問題点を分析している。
② 相手の意見に全面的に反論している。
③ 自転車専用道路の効用性を力説している。
④ 環境問題に対する合理的な解決策を提示している。

☑ ポイント表現

지구 온난화　地球温暖化
인정 [認定] 하다　認める、認定する
출퇴근 [出退勤]　通勤
복잡 [複雑] 하다　混雑している、複雑だ、混乱している
자전거 전용도로　自転車専用道路
그렇다고 해서　だからといって
-다니요　～だなんて（驚き、感嘆の表現）
자율적 [自律的]　自発的
도저 [到底] 히　到底、全然～ない（後ろに否定がくる）

[5~6] 正解：5. ③　6. ①

✐ 問題のタイプ

1つの対談に対し、2問出題されます。1問目が対談の前に話された内容を選ぶもので、2問目が内容に一致しているものを選ぶものです。このタイプの問題で扱われるのは、インタビューや面接、会見などです。司会者とそれに答える人といった形式です。

☆ 正解への道！

問題文を聞きながら、ハングルで（難しければ日本語で）メモを取ると、選択肢を選ぶ際に役立ちます。問題文に出てくる内容がほぼそのまま選択肢に登場したり、あるいは同

じような表現に言い換えられていたりする場合があるので、キーワードになりそうなものだけでもメモしてみましょう。

5. この形式の問題に答えるヒントは多くの場合、冒頭部分に含まれていますので、最初から注意深く聞く必要があります。中間部分にヒントが含まれている場合もありますが、その際には「先ほど話したように」などの表現が登場します。なお、最後まで対話を聞くと、前に出てくるべき内容がより明確になりますので、最後まで聞きながら内容を確認しましょう。
問題文の冒頭、女性が話している部分に「지난 번 제품은 젊은 층에게 반응이 아주 뜨거웠다고 하셨는데요(前回の製品は若い層に反応が熱かったとおっしゃいましたが)」とあるので、ここを聞き取れれば正解の③にたどり着けます。なお、問題文の젊은 층は、選択肢③では젊은 사람들(若い人たち)に言い換えられています。

6. 冒頭で「이번 가을에 출시될 신제품(今年の秋に発売される新製品)と話されています。選択肢①では、올 가을에(今度の秋に)以外は同じような単語が使われているので、正解に比較的たどり着きやすいでしょう。④かもしれないと思った人もいると思いますが、内容を正確に聞き取れば「若い消費者層を攻略する」とは述べていますが、「(今後)若い層に人気の製品を作る」とは言っていないことが分かります。

【音声スクリプト＋日本語訳】

[5~6] 다음은 대담입니다. 잘 듣고 물음에 답하십시오.
여자：지난 번 제품은 젊은 층에게 반응이 아주 뜨거웠다고 하셨는데요, 그럼, 이번 가을에 출시될 신제품에 대해서는 어떤 판매 전략을 갖고 계시지요?

남자：네, 사전에 저희 회사가 실시한 자체 소비자 반응 조사에 따르면, 이번 신제품 역시 30대 초반의 전문직 직장인들에게 특히 인기가 높은 것으로 나타났습니다. 그래서 이번에도 젊은 소비자들이 일상적으로 많이 접하는 온라인 광고에 집중할 생각입니다. 물론 다양한 소비자층을 확보하면 좋겠지만, 저희는 비교적 비용 부담이 적고 한정된 예산으로 좋은 효과를 낼 수 있는 온라인 홍보를 통해 젊은 소비자층을 공략하려고 합니다.

[5~6] 次は対談です。よく聞いて、問いに答えてください。
女性：前回の製品は若い層に反応がとても熱かったとおっしゃいましたが、では、今年の秋に発売される新製品についてはどのような販売戦略をお持ちでしょうか？

男性：はい、事前に私たちの会社が実施した独自の消費者反応調査によると、今回の新製品もやはり30代前半の専門職の会社員に特に人気が高いことが分かりました。そのため今回も、若い消費者が日常的に多く接するオンライン広告に集中するつもりです。もちろん、多様な消費者層を確保すれば良いのでしょうが、私たちは比較的費用負担が少なく、限られた予算で

良い効果を出せるオンライン広告を通じて、若い消費者層を攻略しようと思います。

5. この談話の前の内容として、適切なものを選んでください。
① 多様な消費者層を確保する必要がある。
② 新製品を宣伝するのに多額の費用がかかった。
③ この会社の製品は若い人に人気がある。
④ オンライン広告市場は今後大きく成長するだろう。

6. 聞いた内容と一致するものを選んでください。
① 新製品は今度の秋に発売される予定だ。
② オンライン広告は費用対効果がない。
③ すべての消費者層を対象に宣伝する予定である。
④ 若い層に人気のある製品を作るだろう。

☑ ポイント表現
젊은 층　若い層、若年層
출시 [出市] 되다　発売される
자체 [自体]　独自、自体
- 에 따르면　〜によると
초반 [初盤]　前半(年齢などの場合)、序盤
직장인 [職場人]　会社員 ※회사원(会社員)よりも使用頻度が高い
- 으로 나타났다　〜ということが分かった
온라인 광고　オンライン広告
한정 [限定] 되다　限られる、限定される
홍보 [弘報]　宣伝
- 는 데　〜するのに、〜する場合(状況)。- 는 데에とも表現する
비용 [費用] 대비 [対比] 효과 [効果]　費用対効果

2時間目　읽기 読解

[1〜2] 正解：1. ②　2. ④

✎ 問題のタイプ
1つの文章から2題出題されます。1つ目の問題はかっこ内に当てはまる四字熟語を答えるもの、2つ目の問題は文章のテーマを問うものです。

☆ 正解への道！
1. 「TOPIK常連の四字熟語」を押さえておくと、このタイプの出題も怖くありません。この4つの選択肢はいずれも「常連」ですので、全て覚えておくと良いでしょう。
かっこの前の「実現可能性が低い目標を立てることが多い(実現可能性が低い目標を立てたりする)」や、かっこの直後にある「끝나기 쉽다(終わりやすい)」の意味が読み取れるかがポイント。この2つの内容に合うのは選択肢②。日本のことわざでは「三日坊主」に当たる表現です(ハングルを漢字で書くと [作心三日])。なお、①は「錦上

花を添える、いいことにさらにいいことが重なる [錦上添花]」(p.60参照)、③は「災い転じて福となす [転禍為福]」、④は「東奔西走」です。

2. 本文の最後、「꾸준히 실천할 수 있는 실현 가능한 목표를 세우는 것이 중요하다(地道に実践できる実現可能な目標を立てることが重要である)」がこの文章のテーマです。この問題はあくまでも「テーマ」を選ぶものであって、「正しいもの」を選ぶものではないことに注意しましょう。

【日本語訳】
[1〜2] 次を読んで、問いに答えてください。
毎年新年になると多くの人々が「新年の目標」を立て、新しい誓いを立てる。そのうち体重減量とダイエットに関心がある人々は「1カ月に10kgやせる」、「おやつは口にもしない」、「1日1食だけ食べる」のように実現可能性が低い目標を立てたりする。しかし、自分の能力と現実を考慮せず無理な計画を立てれば(　　)に終わりやすい。したがって、目標を達成しようとするなら、「1カ月に2kgずつやせる」「おやつを減らす」「夕食は6時以前に少しだけ食べる」のように、地道に実践できる実現可能な目標を立てることが重要である。

1. (　　)に入る言葉として最も適したものを選んでください。
① 錦上花を添える(いいことにさらにいいことが重なる)
② 三日坊主
③ 災い転じて福となす
④ 東奔西走

2. 上の文章のテーマとして最も適切なものを選んでください。
① 無分別なダイエットは健康に有害だ。
② 無理な計画でも地道に努力すれば成し遂げられる。
③ ダイエットは自分の能力向上に大いに役立つ。
④ 目標を達成するためには、実践可能な目標を立てなければならない。

☑ ポイント表現
목표를 세우다　目標を立てる
다짐을 하다　誓う
감량 [減量]　減量 ※発音は [감냥]
살을 빼다　(ダイエットなどで)やせる
간식 [間食]　おやつ、間食
입에 대다　口につける
한 끼　1食 ※끼は「食事の回数」の意味
목표를 이루다　目標を成し遂げる
꾸준히　地道に、コツコツ
해 [害] 롭다　有害だ(反対語は이 [利] 롭다　有益だ、有利だ)

[3〜4] 正解：3. ③　4. ①

✎ 問題のタイプ

小説やエッセイを読んで、人物の態度や心情を選んだり、内容が一致しているものを選んだりする問題です。

普段から韓国の小説やエッセイに触れて、文学的表現に慣れておくと良いでしょう。また、感情を表す表現もよく出てきますが、ドラマや映画、歌詞などで楽しみながら語彙を増やすのもおすすめです。その場合は、使われているシチュエーション込みで覚えておくと、適切に使えるようになりますよ。また、選択肢の単語の意味が分からなくても諦めないこと！ 問われている部分の前後の文から人物の感情を推察できる場合が多いので、問題文を最後までしっかり読むことを心がけましょう。

3. 下線部分の「아이의 얼굴엔 함박꽃이 활짝 피어 있었다(子供の顔にはオオバオオヤマレンゲが満開に咲いていた)」は、花が咲いているように「笑顔にあふれた」「幸福な」状態を表しています。함박꽃(オオバオオヤマレンゲ)の意味を知らなくても「꽃」から花の名称であることは推測できるでしょう。ここでは、下線の前に述べられている「깔깔대는 아이는 마냥 즐거워 보였다(ゲラゲラ笑う子供はただ楽しそうに見えた)」がポイントです。したがって、選択肢③が正解となります。もしかしたら②と迷った人もいるかもしれません。形容詞뿌듯하다は「これまで自分ができなかったことや困難だったことが達成できた時に感じる、心が満たされた状態」を表しますので、「子供が鳥と遊んでいるときに感じている楽しさ」とはニュアンスが異なります。ちなみに、ドラマ「ウ・ヨンウ弁護士は天才肌」では、回転ドアを通過できなかった主人公がうまく通過できたときに、その喜びをこの単語で表現しています。

4. 文章の内容と同じものを選ぶ問題の場合、たいてい選択肢のほうがやさしく、分かりやすい表現を用いています。文章を読んで分かりづらいと思ったら、選択肢をチェックしましょう。正解にたどり着くヒントを得られるはずです。文章内の돌멩이が選択肢では돌に、また、文章内の헤엄도 쳤다が選択肢では수영도 했다に言い換えられていることに気づけば、正解が①であることを導けるでしょう。なお、選択肢④に出てくるないが比似た 친구は、文章内では또래 친구の形で表現されています。

【日本語訳】
[3〜4] 次を読んで問いに答えてください。
昔、ある村に鳥が大好きな子供が住んでいた。同年代の友達がいなかったその子にとって、海は唯一の遊び場だった。子供は波が押し寄せる海辺で、一人で貝殻と石ころを拾ったり、そうして退屈になると海の上をうろつく鳥たちを追いかけて泳いだりもした。年老いた祖母と二人きりで暮らす寂しい子供にとって、海辺の鳥たちはありがたい友人だった。おばあさんに内緒で隠してきたご飯粒をいくつか「お腹空いたよね？」と分け与え、近づいてくる鳥たちに「お前は小さいからちびっこ」「お前は目が大きいからデカ目」と一つひとつ

名前を付けていきながらゲラゲラ笑う子供は、ただ楽しそうに見えた。砂浜に舞い降りた鳥たちの後ろにそっと近づいて行き、「ワッ！」と驚かせる子供の大きな声に羽をばたつかせ、一斉に空に舞い上がる鳥たちを力強く追いかける子供の顔には、オオバオオヤマレンゲが満開に咲いていた。

3. 下線を引いた部分に現れた「子供」の心情として適切なものを選んでください。
① 懐かしい
② （何かをやり遂げて）心が満たされている
③ 幸せだ
④ 誇らしい

4. 上の文の内容と同じものを選んでください。
① 子供は海で石も拾って、泳ぎもした。
② 子供が寂しいのは、年老いた祖母のせいだった。
③ 子供は鳥たちと遊ぶのが退屈で、貝を拾った。
④ 子供が住んでいる村には、年の近い友人が多かった。

✍ポイント表現
무척　とても、非常に
또래　同年代、同じ年頃
놀이터　遊び場
파도 [波濤]　波
바닷가　海辺
조개껍질　貝殻 ※조개:貝、껍질:動植物などの皮
돌멩이　石ころ
줍다　拾う（ㅂ変則）
지루하다　飽きる、退屈だ、つまらない
맴도는　맴돌다(うろつく、ㄹ語幹)の現在連体形
연로 [年老] 하다　年を取る、老いていく
단 둘이　ただ二人で、二人だけで
꼬마　ちびっこ
왕눈이　目が大きい人 ※왕には「大きい」「高い」「偉い」などの意味がある
깔깔대다　ゲラゲラ笑う
마냥　ただ、ひたすら
모래 사장　砂浜
내려 앉다　降りて座る、舞い降りる
살금살금　こそこそ
놀래키다　驚かす
퍼득이다　（鳥が）羽ばたきをする
힘차게　元気に、力強く
함박꽃　オオバオオヤマレンゲ
활짝 피다　花がパッと咲く、満開に咲く

[5] 正解：①

✍問題のタイプ
上級の文法項目や語彙が含まれた、客観的な説明文を読ん

で答える問題です。

☆ **正解への道！**

「ワーキングホリデーの趣旨や制度」に関する説明文を読む問題ですが、漢字語や外来語が多く含まれるため、読むのに苦労した人も多いのではないでしょうか。そういった場合は、選択肢を丁寧に読んでみましょう。文章理解のヒントを得られると思います。また、この問題の選択肢は、全て워킹홀리데이（ワーキングホリデー）から始まっていますので、同じ部分は一度読むことで、時間を節約することができますよ。

正解の決め手は、文章の真ん中にある「워킹홀리데이로 해당 국가에 체류하기 위해서는 '워킹홀리데이 비자'를 소지해야 한다.（ワーキングホリデーで該当国に滞在するためには『ワーキングホリデービザ』を所持しなければならない。）」です。選択肢①では、本文の소지해야 한다の部分が필요하다（必要だ）に言い換えられています。ワーキングホリデーに関する情報は「予告なく変更される」ことがあり（本文に예고 없이 변경될 수 있으니とある）、ワーキングホリデーは「多様な体験を通じてグローバルマインドを養える制度」（다양한 경험을 통해 글로벌 마인드를 함양할 수 있는 제도）であるということから、選択肢②と③は不正解。また、選択肢④については、本文で「ワーホリ（워홀）」がワーキングホリデーの略語であるとしか言っていないので、こちらも不正解です。

【日本語訳】

[5] 次を読んで、文の内容と同じものを選んでください。

5. ワーキングホリデーは略して「ワーホリ」とも呼ばれるが、満18歳から30歳の青年たちが協定締結国家に滞在して、多様な経験を通じてグローバルマインドを養える制度である。生活や旅行など滞在に必要な経費はアルバイトを通じて自力で用意できる。ワーキングホリデーで該当国に滞在するためには「ワーキングホリデービザ」を所持しなければならない。ビザは大使館や移民局など国家別の担当機関で申請できる。ただし、申請期間、申請方法などは予告なく変更されることがあるので、申請前に担当機関に再確認を勧める。

① ワーキングホリデーに行くにはビザが必要である。
② ワーキングホリデーに関する情報はあまり変わらない。
③ ワーキングホリデーの趣旨は青年の経済的自立である。
④ ワーキングホリデーより「ワーホリ」という言葉が、より一般的である。

☑ **ポイント表現**

워킹홀리데이　ワーキングホリデー ※워홀と略すことも
줄이다　縮める、減らす
머무르다　滞在する、留まる
글로벌 마인드　グローバルマインド
함양 [涵養] 하다　養う、涵養する
체류 [滞留]　滞在

마련하다　（何かをするのに必要な物を）工面する、準備する
비자　ビザ、査証
단 [但]　但し
권장 [勧奨] 하다　勧める

[6] 正解：③

✐ **問題のタイプ**

文章を読み、〈보기〉の文をどこに挿入したら適切かを答える問題です。

☆ **正解への道！**

文章を読んだ後、〈보기〉の文を読みます。提示された文は、たいてい「前後の文の意味を連結する」あるいは「前の文の意味を説明する」などの働きをします。〈보기〉の文が接続詞で始まる場合、前に来る文の内容を推測しながら読み進め、〈보기〉の文が入る適切な位置を探します。

この問題の場合、〈보기〉の文の冒頭にある하지만（しかし）がポイントです。하지만は逆説の接続詞なので、〈보기〉の文の後ろには〈보기〉の文とは相反する内容が来ます。〈보기〉の文では「人工知能の危険性」を述べているため、前に来る文はその反対の内容、つまり「人工知能が役立っていること」を述べたものになるはずです。（ㄷ）の前に、「우리의 일상은 많이 편리해졌다（私たちの日常はとても便利になった）」とあるので、正解は選択肢③となります。また、（ㄷ）の後ろの文は最後が -기 때문이다で終わっているので、〈보기〉の文についての理由を述べています。

【日本語訳】

[6] 与えられた文が入る場所として、最も適切なものを選んでください。

6. 人工知能は人間の知能的な行為を真似るコンピューターシステムだが、いつのまにか私たちの生活の随所に深く関与している。（ㄱ）医療、教育、産業現場など様々な領域で急速に発展し、その価値が認められている。（ㄴ）人工知能が反復的で単純なこと、そして危険で複雑なことなど、さまざまな形態で人間の代わりをして、私たちの日常はとても便利になった。（ㄷ）なぜなら、すでに開発過程で多くの問題点が明らかになったからだ。（ㄹ）

〈보기〉

しかし、便利さの裏面に隠された人工知能の危険性についても、深く悩んでみる必要がある。

☑ **ポイント表現**

흉내 내다　真似する
깊숙이　深く
대신 [代身] 하다　代わる、代わりになる
드러나다　明らかになる

韓国気になるニュース

韓国の最新主要ニュースを、読んで、聞いて、学べる！

韓国国内で最近特に関心が高かったニュースを
編集部がピックアップ。
韓日対訳でニュースを読みながら時事や文化にふれましょう。

※本記事は2023年2月6日現在の情報に基づいたものです

韓興鉄…日韓対訳記事　イ・ジェウク…ニュース音声

⬇DL75~83

エンタメ

news 01　K-POPの音盤輸出が最高額を記録
K팝 음반 수출액이 최고치를 기록

 K팝이 세계적으로 유행하는 가운데, CD 등 실물 음반도 인기를 끌고 있습니다. 2023년 1월 16일 관세청 수출입 무역통계에 따르면 2022년 한국의 음반 수출액이 2억 3,311만 달러로 최고치를 기록했습니다.

한국의 음반 수출액은 2017년에 처음으로 4,000만 달러를 넘어, 이후 코로나19의 영향이 있었던 2020년에 1억 달러, 2021년에는 2억 달러를 넘어섰습니다.

한국의 음반이 가장 많이 수출된 나라는 일본으로 이어 중국과 미국이 뒤따랐으며 이 3개국이 전체 수출액의 75.5%를 차지했습니다.

K-POPが世界的に流行する中、CDなどの実物音盤も人気を呼んでいます。2023年1月16日、関税庁の輸出入貿易統計によると、2022年、韓国の音盤輸出額が2億3311万ドルで最高額を記録しました。
韓国の音盤輸出額は2017年に初めて4000万ドルを超え、その後新型コロナウイルス感染症の影響があった2020年に1億ドル、2021年には2億ドルを超えました。
韓国の音盤が最も多く輸出された国は日本で、その後に中国と米国が続き、この3カ国が全輸出額の75.5％を占めました。

> **語彙** 인기를 끌다：人気を呼ぶ
> /-에 따르면：〜によると/코로나
> 19：新型コロナウイルス感染症/넘
> 어서다：越す、切り抜ける/뒤따르
> 다：後を追う、伴う/차지하다：占
> める

---

 [01]韓国のサークルチャートによると、2022年の実物CD販売数は国内外合わせて前年比40%増の8000万枚を突破した。音楽をダウンロードしたりストリーミングサービスで聞くことが主流の中、実物CDの販売数が伸びているのは、同封されているミニ写真集やトレーディングカードといった特典グッズや、握手券などが手に入れられることも大きい。特典グッズがランダムに入っている場合だと、複数枚購入するファンも少なくない。一方、ファンの間からCDケースなどのプラスチックが環境問題に与える影響が指摘され、環境負荷の少ないインクを使った紙ケースなどを使ったり、QRコードやNFC（近距離無線通信）を用いたデジタルプラットフォームアルバムが出されている。

news 02 第20代大統領に尹錫悦元検察総長が就任
제20대 대통령으로 윤석열 전 검찰총장이 취임

代表撮影/ロイター/アフロ

⬇DL76 2022년 5월 10일, 서울 여의도에 있는 국회의사당 앞마당에서 제20대 윤석열 대통령의 취임식이 거행됐습니다. 검찰 출신인 윤석열 대통령은 2022년 3월 9일에 치러진 대선에 국민의힘 후보로 출마해 이재명 더불어민주당 후보를 근소한 차로 꺾어 당선됐습니다.

윤석열 대통령은 대선에서 공약한 대로 대한민국 정부 수립 이래 써 왔던 청와대 대신 대통령 집무실을 용산의 국방청사로 관저는 한남동으로 옮겨 청와대를 국민에게 개방했습니다.

2022年5月10日、ソウルの汝矣島にある国会議事堂の前庭で第20代尹錫悦大統領の就任式が執り行われました。
検察出身の尹錫悦大統領は、2022年3月9日に行われた大統領選挙に「国民の力」の候補として出馬し、李在明「共に民主党」候補を僅差で破って当選しました。
尹錫悦大統領は大統領選挙で公約した通り、大韓民国政府の樹立以来使ってきた青瓦台の代わりに、大統領の執務室を龍山の国防庁舎に、官邸は漢南洞に移し、青瓦台を国民に開放しました。

| 語彙 | 거행되다：挙行される、執り行われる／치러지다：(行事などが)行われる、営まれる／대선(大選)：대통령 선거의 略。大統領選挙／근소한 차(僅少- 差)：僅差／꺾다：折る、破る、抑える |

news 03 女性家族部の廃止など、政府組織改編案を発表
여성가족부 폐지 등 정부 조직 개편안 발표

⬇DL77 2022년 10월 6일, 행정안전부는 여성가족부 폐지를 포함한 정부 조직 개편안을 발표했습니다. 행정안전부에 따르면 여성가족부가 맡았던 청소년, 가족, 양성평등 정책은 보건복지부로, 여성 고용 정책은 고용노동부로 각각 이관하게 됩니다. 또 현재 국가보훈처는 국가보훈부로 격상되고, 730만 명을 넘는 재외동포를 전담하는 재외동포청을 외교부 아래 신설할 계획입니다.

정부 조직 개편안은 국회를 통과할 필요가 있지만 과반수를 차지하는 더불어민주당이 여성가족부 폐지에 반대하고 있어 난항이 예상되고 있습니다.

2022年10月6日、行政安全部は女性家族部の廃止を含む政府組織改編案を発表しました。
行政安全部によると、女性家族部が担当していた青少年、家族、性平等の政策は保健福祉部に、女性雇用政策は雇用労働部にそれぞれ移管することになります。また現在の国家報勲処は国家報勲部に格上げされ、730万人を超える在外同胞を専門に担当する在外同胞庁を外交部の下、新設する計画です。
政府組織改編案は国会を通過する必要がありますが、過半数を占める「共に民主党」が女性家族部の廃止に反対しており、難航が予想されています。

| 語彙 | 이관하다：移管する／보훈(報勲)：国に対する献身に報いること／격상되다：格上げされる／전담하다(専擔--)：(あることを)専門に担当する／난항：難航 |

深掘り！ [02]韓国は大統領制で、誰が大統領になるかによって任期5年間の政策が大きく異なる。特に今回は、前大統領の文在寅氏が進歩政党の「共に民主党」出身、新たに就任した尹錫悦大統領は保守政党の「国民の力」出身なので、正反対と言えるような政策が取られることもある。[03]その一つが、金大中政権で女性の権益増進のために設置された女性家族部(当初は女性部)の廃止。尹大統領は女性家族部が担っていた機能は他の部に移管して強化できるとしたが、国会で多数を占める「共に民主党」に反対され、女性家族部の廃止を除いた政府組織改編案が23年2月に国会を通過した。ちなみに尹大統領の名前は本人の希望で[윤성녈]と発音される。

news 04

14年ぶりに貿易赤字、最高額を記録
14년만에 무역 적자, 최대치를 기록

写真：ロイター/アフロ

DL78 2023년 1월 1일, 산업통상자원부가 발표한 2022년 연간 수출입 동향에 따르면 무역수지가 472억 달러의 적자를 기록한 것으로 나타났습니다. 연간 무역수지가 적자를 기록한 것은 2008년 이후 14년 만입니다.

2022년 한국의 수입액은 7,312억 달러로 전년 대비 18.9% 증가한 반면 수출액은 6,839억 달러로 6.1% 증가하는 데 그쳤습니다. 적자 규모는 외환위기 직전인 1996년에 기록한 206억 달러의 2배를 넘어 역대 최대치를 경신했습니다.

러시아의 우크라이나 침공으로 원유 등 에너지 관련 수입액이 급등한 것과 중국의 경기 침체로 인한 수출 부진이 영향을 미친 것으로 분석됩니다.

2023年1月1日、産業通商資源部が発表した2022年の年間輸出入動向によると、貿易収支が472億ドルの赤字を記録したことが分かりました。年間の貿易収支が赤字を記録したのは2008年以来14年ぶりです。
2022年の韓国の輸入額は7312億ドルで前の年に比べ18.9％増加した一方、輸出額は6839億ドルで6.1％の増加に止まりました。赤字規模はアジア通貨危機直前の1996年に記録した206億ドルの2倍を超え、史上最高額を更新しました。
ロシアのウクライナ侵攻で原油などエネルギー関連の輸入額が急騰したことと、中国の景気低迷による輸出不振が影響を及ぼしたものと分析されています。

語彙 -(으)로 나타나다：〜だと現れる、〜だと分かる／**전년 대비**（前年 対比）：前年比、前の年に比べ／**외환위기**（外換危機）：（1997年の）アジア通貨危機／**침체**（沈滞）：不振、低迷／**미치다**：及ぼす

---

news 05

2023年の最低賃金、5％増の9620ウォンに
2023년 최저임금, 5% 오른 9,620원으로

DL79 2022년 6월 29일 최저임금위원회는 2023년의 최저임금이 전년 대비 5% 오른 9,620원으로 결정됐다고 밝혔습니다. 월급으로 환산하면 201만 580원이며 이 최저임금은 1월 1일부터 전국에 동일하게 적용됩니다.

이 결정에 대해 노동계는 물가 상승률을 고려하면 실질 임금이 감소된다고 비판하고, 경영계는 주휴수당까지 포함하면 11,500원을 넘어 중소기업이나 소상공인들이 감당하기 어렵다고 주장했습니다.

최저임금위원회는 최저임금을 심의하고 결정하는 기관으로 노동자와 사용자, 공익을 대표하는 위원 각 9명으로 구성됩니다.

2022年6月29日、最低賃金委員会は2023年の最低賃金が前の年に比べ5％増の9620ウォンに決まったことを明らかにしました。月給で換算すると201万580ウォンであり、この最低賃金は1月1日から全国に同じく適用されます。
この決定に対して労働界は物価上昇率を考えると実質賃金が減少すると批判し、財界は週休手当まで含むと1万1500ウォンを超え、中小企業や小規模事業者は負担できないと主張しました。
最低賃金委員会は最低賃金を審議し決定する機関で、労働者と使用者、公益を代表する委員各9人で構成されています。

語彙 경영계（経営界）：財界／**주휴수당**：週休手当／**【深掘り！】**参照／**포함하다**（包含--）：含む／**소상공인**（小商工人）：小規模事業者／**감당하다**（堪當--）：（手に）負える、負担する

深掘り！

[04]2022年、韓国経済を報じるニュースは、世界経済の低迷に伴い「1997年のアジア通貨危機以来」との修飾語が見出しに踊ることが多かった。貿易赤字額もそうだが、消費者物価上昇率もその一つ。原油価格などの高騰に伴い、消費者物価は5.1％上昇した。**[05]**それに関連する23年の最低賃金は5％増の9620ウォン（984円、3月14日現在）。記事にある「週休手当」は韓国の「勤労基準法」に定められているもので、使用者が労働者に1週間に1日以上の有給休日を保障する制度（ただし、1週間の労働時間は15時間以上）。週に5日勤務した場合、6日分が支給されるので実質の最低賃金は1万1544ウォン（1181円）になる。

梨泰院惨事、159人が犠牲
이태원 참사, 159명 희생

写真：韓国観光公社

DL80 2022년 10월 29일, 3년 만에 사회적 거리 두기가 해제된 가운데 서울시 용산구 이태원의 한 골목에 핼러윈을 즐기려는 많은 인파가 몰려들어 외국인 26명을 포함한 159명이 압사하는 사고가 일어났습니다.

사고가 일어난 곳은 길이 45미터, 폭 4미터 안팎의 좁은 비탈길로, 지하철역 쪽으로 내려오는 사람들과 역 쪽에서 올라가는 사람들이 겹쳐 오지도 가지도 못하는 상황이 빚어졌습니다.

이태원은 다양한 외국 요리를 제공하는 레스토랑들이 즐비하는 등 서울에서 가장 이국적인 거리로 유명하며 드라마 〈이태원 클라쓰〉를 통해 해외에서도 잘 알려진 거립니다.

2022年10月29日、3年ぶりにソーシャルディスタンスが解除された中、ソウル市龍山区梨泰院のある路地にハローウィーンを楽しもうとする多くの人々が押し寄せ、外国人26人を含む159人が圧死する事故が起きました。
事故が起きた場所は長さ45メートル、幅4メートルほどの狭い坂道で、地下鉄の駅の方へ下る人々と、駅側から上って行く人々が重なり、動けない状況が起きました。
梨泰院はさまざまな外国料理を提供するレストランが立ち並ぶなど、ソウルで最も異国情緒のある街として有名で、ドラマ「梨泰院クラス」を通じて海外でもよく知られている街です。

> **語彙** 사회적 거리 두기：ソーシャルディスタンス／골목：路地／안팎：内外、およそ／비탈길：坂道／빚어지다：作り出される、引き起こされる／즐비하다：立ち並ぶ

人口減少時代〜育児世帯への経済支援と外国人労働者の在留期間延長〜
인구 감소 시대~육아 세대 경제 지원과 외국인 근로자 체류 기간 연장~

DL81 출산율이 최저치를 경신하고 인구 감소가 시작된 가운데 자녀를 키우는 가정에 대한 경제적 지원이 강화되고 숙련 외국인 근로자의 체류 기간이 연장됩니다.

한국 정부는 2023년부터 만 0살인 자녀가 있는 가정에 월 70만 원, 만 한 살인 자녀가 있는 가정에는 월 35만 원의 부모 급여를 지급합니다. 기존의 영아 수당을 대신한 것으로 2024년에는 각각 100만 원, 50만 원으로 늘어날 예정입니다.

또 정부는 한 사업장에서 일정 기간 근무하고 한국어 능력을 갖춘 외국인 근로자에 대해 10년 이상 체류가 가능한 '장기근속 특례 제도'를 신설하고, 이민 정책을 담당하는 이민청의 신설도 추진하고 있습니다.

合計特殊出生率が最低値を更新し人口減少が始まった中、子育て家庭に対する経済的支援が強化され、熟練の外国人労働者の在留期間が延長されます。
韓国政府は2023年から満0歳の子供がいる家庭に月70万ウォン、満1歳の子供がいる家庭には月35万ウォンの親給付金を支給します。これまでの乳児手当に代わるもので、2024年にはそれぞれ100万ウォン、50万ウォンに増える予定です。
また政府は、一つの職場で一定期間勤務し韓国語能力のある外国人労働者に対し、10年以上在留が可能な「長期勤続特例制度」を新設し、移民政策を担当する移民庁の新設も推進しています。

> **語彙** 출산율 (出生率)：(合計特殊)出生率／근로자 (勤労者)：労働者／체류 (滞留)：在留／부모 급여 (父母 給与)：親給付金／영아수당 (嬰児手当)：乳児手当／사업장 (事業場)：事業所、職場

深掘り！

[06] 新型コロナウイルス感染症による行動制限が部分的に解除され、新たな日常へ向かい始めた矢先に起きた痛ましい事故。SNSなどで刻々と伝えられる現場の情報は、セウォル号惨事を想起させ、なぜ防げなかったのか警察の対応などをめぐって批判が起きた。**[07]** 日本同様、人口や労働力人口の減少が深刻な韓国でも子育て世帯への経済的支援を大幅に増やす。親給付金とは別途に8歳未満までの子供を育てる家庭に月10万ウォンの児童手当が支給されるが、習い事や塾などの私教育費に対する負担が大きくなる8歳以上の児童に対する経済的支援はほとんどなく、これからの課題となる。

ポケモンパン・ブーム、1億個売れる
포켓몬빵 열풍, 1억 개 팔려

news 08

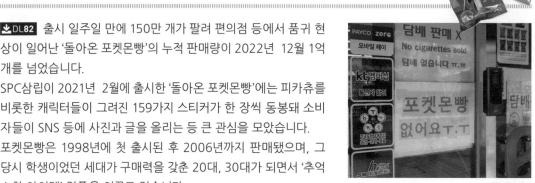

DL82 출시 일주일 만에 150만 개가 팔려 편의점 등에서 품귀 현상이 일어난 '돌아온 포켓몬빵'의 누적 판매량이 2022년 12월 1억 개를 넘었습니다.

SPC삼립이 2021년 2월에 출시한 '돌아온 포켓몬빵'에는 피카츄를 비롯한 캐릭터들이 그려진 159가지 스티커가 한 장씩 동봉돼 소비자들이 SNS 등에 사진과 글을 올리는 등 큰 관심을 모았습니다.

포켓몬빵은 1998년에 첫 출시된 후 2006년까지 판매됐으며, 그 당시 학생이었던 세대가 구매력을 갖춘 20대, 30대가 되면서 '추억 소환 아이템' 열풍을 이끌고 있습니다.

撮影：清水博之

発売から1週間で150万個が売れ、コンビニなどで品薄現象が起きた「帰ってきたポケモンパン」の累積販売数が、2022年12月、1億個を超えました。
SPCサムリプが2021年2月に発売した「帰ってきたポケモンパン」には、ピカチュウをはじめとしたキャラクターが描かれた159種のステッカーが1枚ずつ同封されていて、消費者たちがSNSなどに写真やコメントをアップするなど大きな関心を集めました。
ポケモンパンは1998年に初めて発売された後、2006年まで販売され、その当時学生だった世代が購買力を持った20代、30代になったことで「思い出を呼び起こす商品」ブームをけん引しています。

> **語彙** 出시(出市)：発売する、市販する／品귀(品貴)：品薄、品切れ／-를(을) 비롯한：～をはじめとした／관심을 모으다：関心を集める／추억 소환(追憶 召還)：思い出を呼び起こすこと／열풍(熱風)：ブーム

成均館、「名節にはチヂミを焼く必要はない」
성균관, "명절 때 전 부칠 필요 없어"

news 09

DL83 2022년 9월 5일, 3년 만에 사회적 거리 두기가 없는 추석을 앞두고 성균관 의례정립위원회가 기름에 튀기거나 지진 음식을 차례상에 꼭 올리지 않아도 된다는 견해를 밝혔습니다.

성균관 의례정립위원회는 이날 '차례상 표준안'을 발표해 차례상에 올리는 기본 음식은 송편, 나물, 구이, 김치, 과일, 술 등 6가지이며 추가를 해도 육류, 생선, 떡을 합쳐서 모두 9가지면 족하다고 설명했습니다.

성균관은 이번 발표에 앞서 명절에 관한 의식 조사를 실시했으며 차례상의 간소화를 통해 경제적 부담이나 준비하는 과정에서 일어나는 남녀 갈등 등이 해결되기를 희망했습니다.

2022年9月5日、3年ぶりにソーシャルディスタンスのない秋夕を前に、成均館儀礼定立委員会は、油で揚げたり焼いたりした食べ物を必ずしも供え膳に上せなくてもよいとの見解を明らかにしました。
成均館儀礼定立委員会はこの日、「供え膳標準案」を発表し、供え膳に上せる基本料理は、ソンピョン、ナムル、焼き物、キムチ、果物、酒など6種で、追加するとしても肉類、魚、餅を合わせて全部で9種であれば足りると説明しました。
成均館は、今回の発表を前に明節に関する意識調査を実施しており、供え膳の簡素化を通じて、経済的負担や準備する過程で起きる男女の対立などが解決することを希望しました。

> **語彙** 명절(名節)：旧正月や秋夕などの民俗的な祝祭日／지지다：焼く、煎る、煮詰める／차례상(茶礼床)：旧正月や秋夕に祖先に供える膳／구이：焼き物／족하다：足りる／갈등：葛藤、対立

深掘り！

[08]ポケモンパンのような**추억 소환 아이템**(思い出を呼び起こす商品)が消費のトレンドになっている。2022年12月に日本のアニメ『THE FIRST SLUM DUNK』が上映されると、23年3月には観客数が400万人を超え、韓国で公開された日本アニメの興行記録を塗り替えた。1990年代に漫画『SLUM DUNK』を愛読していた世代である30、40代が観客の6割を占めているという。**[09]**설날(旧正月)や추석(秋夕)などの名節に親戚で集まり、食べ物を供えて祖先をもてなす**차례**(茶礼)。食べ物を準備するのは女性とされていたことから女性の負担が大きく、名節をストレスに思う人は少なくない。それで儒教を司る成均館が簡素化を打ち出したが、果たして……。

一松先生の 街歩きソウル

青瓦台
청와대

一松（秋月望）…執筆・写真

明治学院大学名誉教授。九州大学博士課程修了。専門は朝鮮半島の近現代史。1981年から83年まで高麗大学校大学院に在学。その後、外務省専門調査員として在韓日本大使館で日韓の文化交流などを担当し、2018年まで明治学院大学国際学部教授。ブログ「一松書院」掲載中。

青瓦台本館。背後に写るのは北岳山

　2022年5月10日、第20代大統領の尹錫悦（윤석열）大統領が就任した。新大統領は公約通り青瓦台（청와대）には入らず、大統領府執務室を龍山（용산）の旧国防部ビルに移した。そして、青瓦台の全面一般公開が始まった。

青瓦台の昔と今

　青瓦台の場所は、高宗（고종）の時には景武台（경무대）と呼ばれて科挙*¹などが行われていた。日本の統治下では弓道大会や市民運動会、各種集会の会場として使われたが、1937年に景武台に朝鮮総督官邸を新築することになった。朝鮮総督府庁舎の方は、1926年に南山北麓の倭城台（왜성대：現在の芸場洞＜예장동＞）から景福宮（경복궁）の正面に新築した建物に移転していたが、総督官邸が景福宮北側の景武台に移転したのは1939年のことだった。1945年8月に日本の統治が終わると、ここが米軍政庁長官の官舎となり、1948年8月15日の大韓民国建国後は李承晩（이승만）大統領の官邸となった。李承晩政権が1960年の4・

19革命で崩壊すると、青い瓦屋根の大統領官邸の呼称が景武台から青瓦台に改められた。

　景武台／青瓦台へのアプローチは景福宮西側の孝子洞（효자동）・宮井洞（궁정동）からがメインルートだった。1966年までは南大門（남대문）から光化門（광화문）前を通って孝子洞まで路面電車が走っていた。1960年4月に不正選挙に抗議するため景武台に向かおうとした学生・市民のデモ隊に警察隊が発砲して多くの死傷者を出したのが、この孝子洞の電車の終点付近だった。独裁と批判された李承晩政権だったが、春のお花見のシーズンには景武台を一般市民に開放していた。また、朴正熙（박정희）時代の初期にも、期間を限って青瓦台を一般市民に開放していた。ところが、1968年1月に北朝鮮の武装ゲリラが青瓦台背後の北岳山（북악산）北麓まで侵入して銃撃戦になった事件(1・21事件)が起きると、青瓦台の周辺の警備が厳重になった。一般市民の青瓦台への接近が禁じられ、青瓦台西端の七宮（칠궁）も封鎖された。七宮とは朝鮮王朝の王の生母で側室だった女性を祀った毓祥宮（육상궁）、儲慶宮（저경궁）など七つの祠堂で、青瓦台の一部になっていた。青瓦台の背後の北岳山は防御線を兼ねたスカイウェイ以外が全面入山禁止となり、青瓦台前の道路の一般車両の通行も禁止。青瓦台西側の孝子洞・宮井洞、それに東側の三清洞（삼청동）の一帯は、日常的に物々しい厳戒態勢のもとに置かれた街と化した。

　変化の兆しが訪れる契機は1987年の民主化宣言だった。1988年には青瓦台前の車両通行が認められた。とはいえ、長い間一般の人々の接近を拒んできた青瓦台が、すぐに誰もが近づけるような場所になったわけではなかった。1993年に金泳三（김영삼）大統領が就任すると、青瓦台東側のKCIA*²の接待所（安家＜안가＞*³）の跡地を公園化した。安家は1979年10月に朴正熙大統領が銃撃された現場で、現在ムグ

ンファドンサンと呼ばれる公園のある場所にあった。さらに青瓦台前の道路を全面開放し、迎賓館の向かい側の大統領秘書室長官舎を撤去して「孝子洞サランバン」と名付けた大統領府の広報館を開館。孝子洞サランバンは2010年に改修され、現在は「青瓦台サランチェ」という観光展示館になっている。この青瓦台サランチェの前には大きな鳳凰の噴水台がある。これは1985年11月に完成したが、1990年代半ばまで一般の人々の目に触れることがなかった。孝子洞側から青瓦台への接近が可能になると、韓国人や外国人の観光客がこの鳳凰噴水台とその背後の迎賓館をバックに写真を撮って「青瓦台に行ってきた」気分を味わった。

1998年に就任した金大中（김대중）大統領は「開かれた大統領府」を標榜し、一般市民を対象とした青瓦台ツアーを始めた。事前登録が必要だったが、韓国人だけでなく外国人でも参加できた。景福宮東側の駐車場のカウンター前から警護室の手配したバスで青瓦台東側の春秋門（춘추문）から入り、荷物検査とブリーフィングの後、青瓦台の建物を眺めながら説明を聞き、最西端の迎賓館でツアーは終了。その後、希望者は七宮にも入ることができた。ちなみに七宮は2018年6月からは青瓦台とは切り離され、現在は七宮のみの観覧も可能だ。さらに、盧武鉉（노무현）大統領在任中の2006年には、1961年から閉ざされたままだった景福宮の北門である神武門（신무문）が開かれ、景福

宮からの出入りが可能になった。神武門を出ると真っ正面に青瓦台本館が見通せることで人気を集めた。

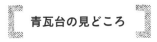

青瓦台の見どころ

さまざまの方向から青瓦台に接近ができるようにはなったものの、大統領府として機能していた時には観覧できる範囲は限られたものだった。それが2022年5月からの青瓦台観覧では、執務室があった本館や迎賓館の内部、さらには大統領一家の居住スペースだった官邸の中まで自由に見て回れる。遠慮会釈なくさらけ出している感じすらする。今の青瓦台観覧は、孝子洞側の迎賓館前ゲートと本館前の正面ゲート（神武門の向かい側）からできる。韓国人は予約が必要だが、外国人はパスポートがあれば予約なしで入れる。ただし、これには本館前の正面ゲートでの手続きが必要だ。

ここから青瓦台構内の見どころを紹介しておこう。正面ゲートから入った場合、迎賓館を見るためには左手に回り込む必要がある。最も西側に位置する迎賓館は、朴正熙時代の1978年に建てられた18本の石柱で支えられた2階建構造。完成当時の新聞に「ルイ14世様式*4と韓国様式の折衷」と紹介されており、確かに目を引く建物である。正門突き当たりの青瓦台本館は1991年に建てられたもので、ここに大統領執務室や大統領夫人室、接見室、会議室があった。照明器具や電気のスイッチ、コンセントなどにも細かい装飾が施されている。屋根は韓国の宮殿建築様式の八作屋根*5で、手焼きの青瓦が約15万枚使われている。

青瓦台周辺

青瓦台の構内

*1【科挙】高麗時代、朝鮮王朝時代に実施されていた官吏登用試験
*2【KCIA】大統領直属の諜報機関であった韓国中央情報部の略称
*3【安家】安全家屋（안전가옥）。政府機関や特殊情報機関が管理する秘密施設
*4【ルイ14世様式】ヴェルサイユ宮殿に代表される、重厚と華やかさを兼ね備えた様式
*5【八作屋根】四隅の軒先が上に反り返り真横から見ると八の字のように見える屋根
*6【守宮ト】かつて景福宮を守っていた禁衛（守宮）たちがいた場所だったということからこの名が付いた

一般開放された本館の大統領執務室

　本館を背にして左手に行くと簡易トイレなどが並ぶスペースに出る。守宮ト（수궁터）*6と呼ばれるこの場所には、1993年11月に撤去されるまで初代の官邸があった。旧官邸の写真と説明板があり、その横に「天下第一福地」の石碑が立っている。その昔、この場所の地中から「天下第一福地」と刻まれた岩が出てきたということで、その文字を石碑にしたという。守宮トから北に坂を登った所が1990年10月に完成した大統領官邸で、盧泰愚（노태우）大統領以降の大統領がここで生活した。大統領のプライベートな生活空間だったので、今回が初の一般公開。観覧者から邸宅の豪華さに驚く声も出ているが、韓国映画やドラマに出てくる大邸宅ならこの程度はありそうにも思えるのだが……。

　官邸正面の仁寿門（인수문）を出ると、すぐ左手に散策路の入り口があり、ここから山道を200mほど行くと一体の石仏がある。元々は慶州の移車寺（이거사）にあった仏像で、寺内正毅が朝鮮総督だった1912年に南山倭城台の総督官邸に持ち込まれた。1939年の総督の官邸移転の際に景武台に運ばれ、独立後の大統領官邸時代には正面ゲートから官邸に向かう道沿いに置かれていた。その後、1990年の官邸の新築時に現在の位置に移された。なぜここに石仏があるのかは曖昧になっていたが、近年になって石仏の由来や持ち込まれた経緯が確認され、今は慶州方形台座石造如来坐像という名称がつけられている。総督官邸の時代から今に残る唯一のものであろう。

　官邸からまっすぐ下ると右手に常春斎（상춘재）が見えてくる。全斗煥（전두환）時代の1983年4月に建てられた韓屋で、樹齢200年以上のアカマツ（金剛松）が使われ、外国賓客との非公式会談などに使われていた。この常春斎の下に広がっている芝生の広い空間が緑地園である。緑地園の北側には、樹齢330年、高さ16メートルの盤松と呼ばれる韓国産の松がある。緑地園とその周囲には、歴代大統領の記念植樹が残されている。文在寅（문재인）大統領夫妻が2022年4月5日の植木日にモクゲンジを植樹したものだが、これが大統領による青瓦台最後の植樹になるのかもしれない。

　緑地園の南側には、与民（여민）1館・2館・3館の建物と旧大統領警護室の建物が見える。与民館は元々は大統領秘書室の建物だったが、2004年に盧武鉉大統領がここを改修して執務室を作った。与民とは「民と与（とも）に」という意味で、青瓦台前の道路にも近く、すぐそばに秘書官がいる場所に執務スペース

を作った。しかし、保守派の李明博（이명박）・朴槿恵（박근혜）大統領時代には、この執務室は使われず青瓦台本館で執務した。文在寅大統領はこの与民1館の執務室に戻り、ほとんどここで執務していたとされる。ところが、今回公開された青瓦台の案内地図には与民1館～3館の建物の説明は全くなく、観覧者の多くはこの建物には気づかないままである。尹錫悦大統領の執務室移転の理由の一つは「権威的で閉鎖的な青瓦台では国民と意志疎通できない」だった。与民館を見ないで青瓦台本館だけを見せられると、確かにそのような気がしてくるのだが……。

　与民1館手前の広場はヘリポートとして使われた。ここを右手に見て進むと、青瓦台東端の春秋館に出る。春秋館は青瓦台担当記者たちの記者クラブとして使われていたもの。この建物前の春秋門を出たところで青瓦台は終わる。道なりに行くと三清洞から下ってくる道路と合流する。このあたりにはカフェやギャラリーが増えてきている。景福宮の塀沿いにしばらく行くと左手に国立現代美術館ソウル館があり、その裏手には「開かれた松峴（송현）緑地広場」がある。青瓦台の東側は今後、アートの街になっていきそうだ。

アクセスとコース

　地下鉄は3号線景福宮駅が最寄りだが、青瓦台まではかなり距離がある。バスは南山から南大門・市庁前・光化門交差点を通って景福宮の西側を上がっていく01番の循環バスで迎賓門前の「青瓦台」バス停で下車するのが便利。七宮を見学して青瓦台サランチェに立ち寄って青瓦台に入り、春秋門側から出るのが効率的。景福宮の中を北側まで観覧して神武門から出て青瓦台を見学するのも一案。とにかく、全て見て回るとかなりの距離を歩くことになるので覚悟が必要。

青瓦台　https://www.opencheongwadae.kr/

文・写真／藤田麗子

ＫＪ現地レポート *Report from Korea*

過去最多の約10万店に増加！
まだまだブームが続く、韓国カフェの現在と未来

　思わず写真を撮らずにはいられないほど華やかなドリンクや凝ったデザインのスイーツ、広い空間を大胆に使ったインテリアなど、個性豊かなカフェが話題の韓国。

　ここ数年の間にも、アイウェアブランドGENTLE MONSTERが手掛けるアーティスティックなスイーツカフェ「NUDAKE」（狎鴎亭、聖水ほか）、朝８時の開店前から行列ができるベーグル専門店「LONDON BAGEL MUSEUM」（安国、狎鴎亭ロデオ）、京東市場の旧劇場を改装したレトロな「STARBUCKS COFFEE 京東1960店」（祭基洞）など、魅力的な新スポットが続々とオープン。カフェめぐりを楽しむために訪韓する観光客も増えている。

店舗数でチキン屋を抜く

　2022年末、韓国内のカフェ・ドリンク店の店舗数は過去最多の９万9000店を記録。前年末から17.4％増え、コロナ禍前の2018年末に比べると２倍以上に急増した。韓国を代表する自営業といえばフライドチキン専門店だが、2021年にカフェがその店舗数を抜き、22年末には約１万8000店もの差をつけた（韓国農水産食品流通公社・食品産業統計情報システム調べ）。

　また、STARBUCKS COFFEEは1999年に韓国１号店の梨花女子大学前店をオープン以降、22年４月時点で1639店まで増え、１人当たりの店舗数は日本の２倍以上となっている。ちなみに、韓国のコンビニエンスストア店舗数は約５万店（日本は５万７千店）で、カフェのほうが２倍も多い。

コーヒーの輸入額も増加

　中小ベンチャー企業部の「2022年創業企業動向」によると、チキン専門店やキンパ、サンドウィッチなどの軽食店は新規開業数が減り、カフェやテイクアウト専門コーヒー店は増加しているという。

　コーヒーの輸入額も過去最高となった。韓国関税庁によると、22年１〜11月のコーヒー（コーヒー豆の皮なども含む）輸入額は前年同期比45.1％増の11億9035万ドル。初めて10億ドルを超え、20年間で16.7倍も増加した。「誰でも一日一杯は飲む」と言われるほど、コーヒー文化が浸透したことをはじめ、テナント料を除けば開業資金が比較的安く、他の飲食業に比べてフードメニュー数が少なくても始められること、また、若い世代にはカフェでのアルバイト経験者が多く、バリスタスクールなどでスキルや資格を取得しやすいことなども、カフェ開業の増加につながったと見られている。

１日６店のペースで閉店

　カフェの新規オープンが急増する一方で、閉店も相次いでいる。中央日報が分析した結果によると、ソウル市内の昨年のカフェ閉店数は2187件にのぼり、１日６店のペースで廃業しているという。

　トレンドの変化が速い韓国は昔から飲食店の入れ替わりが激しい。「韓国では内装工事業者がいちばん儲かる」と言われるほどだが、最近はカフェの廃業コンサルティング会社や店舗解体専門の業者も増え、内装の撤去だけでなく、廃業支援金の申請代行まで請け負うところも

ソウル・新沙洞のベーカリーカフェ「hi hey hello!」。韓国人アーティストの作品を展示

（左）「SNLコリア シーズン3」に登場したカフェのコント。クォン・ヒョクス、チュ・ヒョニョンらが出演（右）牛乳瓶入りのいちごミルクや穀物ドリンクのミスッカルが人気の「カフェヒダ」

ある。

　中古取引プラットフォームでの売買もさかんだ。業務用コーヒーマシンや冷蔵庫、製氷機をはじめ、ショーケースやテーブル、椅子など、あらゆる厨房機器・設備が出品されるため、カフェを開業したい人は中古品を活用して初期費用を抑えることができる。

差別化戦略が成功の秘訣

　新規参入しやすいが、生き残るのは難しいカフェ業界。勉強やノマドワークをしたいときに利用されるSTARBUCKS COFFEEやA TWOSOME PLACE などの大手コーヒーチェーン、テイクアウト中心の PAIK'S COFFEE や MEGA COFFEE などの低価格フランチャイズとは異なり、個人カフェは味も見た目も楽しめるメニューや個性的な空間づくりなどが成否を分けるカギとなる。

　差別化戦略が成功し、SNSで핫플（핫플레이스：ホットプレイス）として注目を浴びると、長い行列ができて数時間待ちとなることも珍しくない。レトロな牛乳瓶入りのドリンクをメインメニューとして2017年にオープンした「カフェヒダ」のように、首都圏を中心に30店舗以上を展開するフランチャイズブラ

ンドに成長した個人カフェもある。

感性カフェがコントに!?

　絵になるフォトジェニックなカフェは、감성카페（感性カフェ）あるいは개인의 감성（個人の感性）を縮めて갬성카페と呼ばれ、MZ世代を中心に人気が高い。ところが、終日客足が絶えず忙しすぎるせいか「店員のサービスが悪く、客と目も合わせない」「メニューの値段を尋ねたら、インスタのDMでお問い合わせくださいと言われた」など一部不満の声も。おしゃれだが固くて座りにくい椅子、高さの合っていないテーブルとソファなど、居心地の悪さも指摘されている。とはいえ、訪れる人のほとんどはSNSにアップする写真を撮影することが目的なので長居することはなく、きれいな写真さえ撮れれば満足という意見も多い。

　韓国のOTTサービスCoupang Playで配信中のコメディ番組「SNLコリア シーズン3」には、こうした状況を揶揄する갬성카페というコントが登場。クォン・ヒョクス扮する人気カフェの店員が、ドリンクの注文前に挨拶をしなかった客に「最低限の礼儀は守ってください」、価格を尋ねた客には「インスタのアカウントでご案内しています」と告げて、「お帰りください」と無表情で追

い返す。コーヒーやカカオパウダーがグラスからはみ出したぐちゃぐちゃのドリンクを作り、「静かに撮影してください」と言い放つなど、かなりデフォルメされてはいるものの、似たような経験をしたことのある視聴者の爆笑を誘っている。

盛り上がる異色カフェ

　独特のコンセプトを持つ異色カフェのバリエーションも広がっている。店内に世宗大王やリンカーンなどの巨大なサンドアートがそびえ、砂遊びもできる「カフェ8794」（京畿道龍仁市）、プリン専門店だが卓上コンロでタコ焼きづくり体験ができる「podong pudding」（龍山ほか）、古い銭湯をリノベーションした「1925甘浦」（慶州）など、その勢いはとどまるところを知らない。どんなユニークなカフェが誕生するのか、今後も楽しみだ。

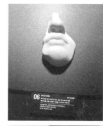

「NUDAKE」の彫刻風チーズケーキ"ピエタ"（撮影・藤本信介）（下）モナカや羊羹が話題のカフェ「Myosaソウル」。ソウルの森と蚕室に店舗がある

文・写真／藤田麗子

ＫＪ現地レポート *Report from Korea*

24時間スマホ使用がOKに!?
BTSの入隊で注目度アップ。韓国の兵役事情

国軍コミュニケーションアプリ「THE CAMP」の登録画面。「会いたい軍人」を複数登録でき、除隊までの残り日数、毎日３食の献立などがチェックできる。軍人の写真は自由に設定可能

英語曲「Dynamite」で韓国歌手として初めて米ビルボードのメインシングルチャート「HOT100」（2020年９月５日付）の１位を獲得したBTS（防弾少年団）。その後も韓国語曲「Life Goes On」、21年にリリースした「BUTEER」など、6曲が２年間で計17回もHOT100の１位に輝き、グローバルアーティストとして不動の地位を確立した。

その最年長メンバーであるジンが22年12月に入隊したことによって、韓国の兵役制度に世界中から大きな注目が寄せられている。

入隊延期が認められたBTS

朝鮮戦争勃発から約３年後の1953年に休戦協定を締結したものの、いまだ北朝鮮との終戦には至っていない韓国。成人男性には兵役の義務があり、原則として満28歳までに入隊しなければならない。進学や留学などの理由があれば入隊延期も可能だが、25歳以上で軍服務を終えていない男性には、兵務庁の許可がなければ海外に出国できないなどの制限が課される。

一昔前は歌手や俳優が国軍テレビ放送や外部行事に出演して軍広報を担当する「芸能兵」こと国防広報支援隊として陸軍に服務するケースが多かった。しかし一般兵より休暇が多いことや、一部の芸能兵による頻繁な外出や外泊などの逸脱行為が発覚して批判が殺到し、この制度は13年に廃止された。

オリンピックのメダリストや国際コンクールでの受賞歴を持つ演奏家は、軍生活を送る代わりに３週間の基礎軍事訓練のみを受け、２年10カ月間は自身の専門分野に従事すればいいという代替服務が認められている。アイドルなどの大衆文化芸術家は対象外だったが、BTSの功績を踏まえて20年12月に兵役法が改正され、「文化体育観光部の推薦があれば満30歳の年末まで軍入隊を延長できる」という新たな特例制度も導入された。

このため1992年生まれのメンバー、ジンは2022年12月末まで入隊延期が可能となったが、22年10月に延期の取り下げを申請し、少し早めの12月13日に陸軍の新兵訓練所に入営した。1994年生まれの

J-HOPEも29歳の誕生日を迎えた23年２月に入隊延期の取り消しを申請しており、近日中に入隊する予定だ。BTSのメンバー７人が兵役を終え、再び全員がそろうのは25年になると見られている。

服務期間は１年６カ月

現役兵の軍服務期間は、陸軍と海兵隊が１年６カ月、海軍は１年８カ月、空軍は１年９カ月。朝鮮戦争の休戦直後はいずれも３年間で、北朝鮮の武装ゲリラが韓国に侵入する事件が起こった1968年から約10年間は海軍と空軍の服務期間が３年３カ月に延長されたが、その後は徐々に短縮されている。陸軍の場合、約20年前の盧武鉉政権下で90年代の２年２カ月から２年に短縮され、李明博〜朴槿恵政権で１年９カ月に、文在寅政権から現在の１年６カ月となった。

最近は事前にドラマ・映画、CMなどの撮影やアルバムのレコーディングを終え、兵役期間中に発表す

る芸能人も多い。たとえば、俳優の
パク・ボゴムは2020年8月に海軍
軍楽儀仗大隊の文化広報兵に志願
入隊したが、ドラマ「青春の記録」
がその直後の9月から放送され、コ
ン・ユと共演した映画『SEOBOK/
ソボク』が21年4月に韓国公開。
あまりブランクを感じさせること
なく、22年2月に除隊した。

携帯電話の使用も可能に

かつては禁止だった兵役中の携
帯電話使用も許されている。2019
年4月から全部隊を対象に日課後
の携帯電話使用を試験運営したと
ころ、服務適応・任務遂行や自己開
発に好影響を及ぼしたと評価され、
20年7月から日課後と休日の使用
が全面的に許可された。その結果、
16年は219件だった兵士の脱走事
件も20年には91件まで減少し、ド
ラマ「D.P. -脱走兵追跡官-」で描
かれたようなD.P.制度は昨年廃止
された。

尹錫悦政府は国政課題として「兵
士の携帯電話所持時間拡大」を掲
げており、国防部は昨年、24時間の
携帯電話使用を試験運用した。結
果をもとに今後、使用時間の拡大
を推進していく予定だという。

献立の公開やグッズ販売も

2018年4月に正式サービスが開
始された「THE CAMP」は基礎訓
練期間中の新兵に手紙を送ること
のできる国軍コミュニケーション
サービスアプリだ。「보고 싶은 군
인(会いたい軍人)」の名前や軍種
と入営部隊、入隊日、関係などを入
力すると、除隊日までのカウントダ
ウンが表示される。関係欄は両親、
兄弟/姉妹、配偶者、親戚、恋人、友
達/知人、ファンに分かれており、
海外在住者も登録が可能。訓練中
の様子を写真で確認でき、電話番
号が分かる相手にはプレゼントを
贈ることもできる。また、慰問メッ
セージを送るとプリントアウトし
て配布してもらえるという(ただし、
ジンが入所した陸軍第5師団の新
兵教育隊では、サーバーのダウン
などを懸念して、カフェの管理者
から「メッセージ送付を自粛して
ほしい」「ファンサイトのWeverse
を利用してほしい」とファンへの
呼びかけが行われた)。

さらに、「献立確認」をクリック
すると、一日3食のメニューとカロ
リーが表示される。しかしこの献
立は1カ月ごとにまとめて発表さ
れるもので、実際のメニューとは異
なることが多いそう。陸軍第5師

(左)第5師団のコミュ
ニティに毎日アップさ
れる献立。この日は朝
食が麻婆豆腐、昼食は
豚肉炒め、夕食はミート
ボールや天丼を中心と
したメニュー (下)THE
CAMPの公式キャラ、
ミリランのぬいぐるみ

団はアプリ内のコミュニティ「5師
団・鍵部隊家族サランバン」の掲示
板に毎日3食のメニューだけでな
く、デザートやドリンクの内容まで
が新兵教育大隊の日程と共にアッ
プされるため、この情報が世界中
のファンに共有されている。

「THE CAMP」のオンライン
ショッピングモールでは限定グッ
ズを購入することもできる。特に人
気が高いのは、밀리랑(ミリラン)と
いう公式キャラクターのぬいぐる
みだ。軍服と軍帽をかぶったクマ
で、陸軍のTシャツに着せ替えも可
能。定価は6万8000ウォンで、名
札の刺繍は恋人や好きな芸能人の
名前に変更することができ、プラス
3000ウォンで部隊章もつけられる。

1年数カ月という兵役期間は決
して短いものではないが、兵士だ
けでなく、除隊を待つ家族や恋人、
ファンの状況も大きく改善されて
いるようだ。

BTSジンが22年
11月から出演し
ている「ジンラー
メン」のCM。入
隊後も地下鉄内や
テレビで流れ続け
ており、活躍を目
にする機会が多い

そういえば知らなかった 韓国生活 TMI

※「TMI」は「Too Much Information」の頭文字で、韓国でよく使われている言葉。「ちょっと多いけどありがたい情報」ぐらいの意味です。

韓国人の日常生活、社会のシステムや慣習にまつわる細かなあれこれ。知らなくても困らないけど、聞いたら「へぇ〜！」と思える、言われてみれば今まで知らなかった、そんな韓国生活のプチ情報をご紹介します。

執筆・写真／永井宏志郎（永）、鈴木ちひろ（鈴）

辛いメニューも登場！ 学校給食

保育園、幼稚園から高校まで、韓国ではずっと給食が提供されるので、親としてはとても助かります。基本は無料というのもうれしい限り。世界一の少子化が危惧されている韓国ですが、3歳までの幼児がいる家庭は電気代30％カットなど、子育て支援は日本以上に整っています。

私の息子が通う小学校は新都市にあるマンモス校のため、1学年の人数は200人強。教室ではなくホールのような広い給食室で食事をとります。全校生徒が一度に食事をとると1300人近く集まることになるので、低学年は11時過ぎから、高学年は12時頃からと、給食は2部制になっています。給食調理員の人がおかずなどを順番にお皿に乗せてくれ、大盛りのリクエストも可能。軍隊でも使われる銀のプレートにご飯、汁物、メインのおかず、キムチ、果物が盛られます。息子曰く、調理室で作られた出来立ての料理はおいしいそうで、やはりキムチはなくてはならない存在なのだとか。主食は基本ご飯で、チャジャン麺、長崎チャンポン、パスタなどが出ることも。イベントとしてソットクソットク（ソーセージとお餅の串焼き）やケーキ、ホットクが出ることもあります。給食といえど辛いユッケジャンやタッカルビなどが出るのも、韓国ならでは。コロナ禍で黙食が求められましたが、守る子供は少なく、給食室はいつもにぎやかだと聞いています。（鈴）

果物の代わりにケーキなどが出ることも。バラエティ豊かな韓国の給食

日本とはまるで違う 学校の部活動

日本の青春マンガ・アニメで大きな役割を果たす「ブカツ（部活動）」。韓国でも大ヒットした劇場版『スラムダンク』も高校バスケ部が舞台でした。ただ、スポーツ系でも文化系でも韓国においては中学、高校と年齢を重ねるほど、勉強以外のこういった活動は「運動エリート」のためのものという色合いが濃くなります。

スポーツを例にとると、トップアスリート養成のための「体育中学校」「体育高校」があり、未来のオリンピアンも多く通います。つまりは小学校のタイミングでアスリートを目指すかどうかの判断をしているわけです。

市民マラソンを走る人たちも、昔は運動なんてしたことがなかったかも？

こういったエリート教育とは対照的に、小学校低学年（1・2年生）の時間割に「体育」の時間がない学校もあり、その場合は音楽や美術とともに「統合教科」としてまとめられています。一般の中高にも部活動がないわけではありませんが、参加する人口が圧倒的に少なく、参加するとしてもボランティア活動を通じて内申点を高めようという意味合いが強く出たりもします。特に受験の直前となる高校では、体育の時間があっても、実際は「自習時間」といったことも多いようです。「帰宅部」などという単語が生まれるほどの日本のブカツ文化は、韓国人の目には非常に珍しいものとして見えるかもしれません。（永）

お酒の席でも無礼講とはいかず……

チング（친구：同い年の友達）はどこからどこまでかという問題は、親しくなったときにパンマル（반말：タメ口）を使っていいかという問題に直結します。儒教的な文化背景などに起因して上下関係が厳しい韓国では、初めて会ってすぐに年齢を聞くこともしばしば。相手が自分より年上なのか年下なのか、はたまたタメなのかを確認しなくては、なんとなく落ち着きません。

特に微妙なのが早生まれ。韓国も元々は日本と同じように早生まれの概念があったため、同じ年に生まれても学年が違うということが起こり得ました。これによる不都合を解消するために2003年生まれから早生まれの概念がなくなり、同じ年の1月1日〜12月31日に生まれた人が同じ学年ということになりました。これで問題は解消となりそうですが、もちろん社会には2003年より前に生まれた人の方が依然として多いわけで、その辺は「何月生まれ？」「大学は何年入学？」などと聞きながら整理していくほかありません。

年齢が近い友人同士でも、友達の友達がやって来た飲み会でそれぞれ呼び方・話し方がバラバラで落ち着かないなんてこともあります。90年生まれの私には、日本で出会い今も韓国で親しくする87年生まれの親友がおり、自然にパンマルで話しているのですが、周りの友人からたまに突っ込まれることがあります。そんなときには「外国人なので……」という免罪符を使うしかないようです。（永）

料理のレシピ、何を参考にする？

大人気の料理研究家、ペク・ジョンウォンのレシピ本が並ぶ書店の料理本コーナー

日本と韓国のインターネット事情で大きく違うなと感じるのは、ウェブサイトの量。日本では個人でサイトを作成、運営する人がたくさんいますが、韓国ではあまりいません。そのため、料理のレシピだけを紹介するサイトやアプリも少なく、ほとんどの人はNAVERのブログや掲示板を利用しています。コメントもできるので、質問事項はそこで解決。NAVERの検索バナーに料理名を入れれば、作りたい料理が載っているブログがたくさんヒットします。

その際、料理研究家ペク・ジョンウォン（백종원）の名前も一緒に入力すると、おいしいレシピが的確に見つけられてGOOD！ 日本でも書籍が発売されていますが、韓国ではやはり「料理家と言えばペク・ジョンウォン」で、彼の一人勝ちが続いています。

お金にシビアな主婦は、最近はYouTubeで気になる料理をチェック。特にフォロワーが多いのはHoneyjubu（꿀주부）で、キムチからナムル、プルコギ、ジョンゴルなど、さまざまな韓国料理を美しい映像とともに見ることができます。ちなみに、韓国ではレシピが2人前、3人前、4人前とさまざまで、何人前と表示しないことも多々あります。計量もスッカラ（숟가락：韓国の柄が長いスプーン）1杯が基準で、割と大まか。小さいことを気にせず、たくさん作る韓国人の傾向がレシピにも表れています。（鈴）

モバイル運転免許証も登場
運転免許事情

日本だと身分証明書としても万能な運転免許証。韓国でも日本と同じ満18歳から普通免許を取得できます。日本と同じように自動車学校に行って取得するのが一般的ですが、必要な費用は全部合わせても60万～90万ウォン（約6～9万円）といったところ。日本に比べると費用は抑えられます。教習も、フルに受けても実技と合わせて十数時間という内容です。そのため、「合宿で免許を取った」という私の話に、韓国人の友人は軍隊のような自動車教習所を思わず想像してしまったとか。日本とはいろいろ違いますね。また、韓国では、免許取得後に初心者マークをつけることが義務ではありません。そのため、運転を始めたばかりの人の中には思い思いの初

車社会の韓国

心者ステッカーを貼る人もいます。

免許の有効期限は10年。裏面には英文でも表記されています。イギリスやオーストラリアなど30以上の国と地域では、なんと韓国の免許証でそのまま運転できてしまいます。また、2022年からはモバイル運転免許証の発行も始まりました。私もカードの運転免許証とモバイル運転免許証の両方を持っています。モバイル運転免許証があれば、コンビニでお酒を買おうとして急に年齢確認されても不安なしですね。とはいえ、私のような外国人はモバイル運転免許証があったとしても、カードの運転免許証や外国人登録証も携帯しておいた方が安心ではあります。（永）

お香典やご祝儀の相場はいくら？
冠婚葬祭あれこれ

宗教や宗派によって違いますが、私が行ったことのある仏教のお葬式では、病院と同じ敷地内にある葬儀会場で全てが進行されました。親族はそこで故人とともに3日間寝食を共にし、最後の別れを惜しみます。出される食事は3日間同じで、ポッサム、ジョン、テンジャンクク、キムチ、そしてお酒など。喪主は黒い喪服の腕に白い喪章をし、訪れる弔問客一人ひとりと挨拶をします。また、弔問は24時間いつ訪れてもいい形式なのも韓国ならでは。香典は5万ウォンが相場ですが、関係性により上下します。

一方、結婚式はとてもラフで、友達の友達など、何かしらのつながりがあれば誰が訪れてもいいスタイルが主流。参列者はデニムでもOKなほど服装は自由で、日本の感覚で着飾っていくと浮いてしまうかも。ご祝儀も5万ウォンほどが主流。ご祝儀袋はなく、式場に用意されている白い封筒に入れて渡します。

新郎新婦の入場から写真撮影まで、トータルで1時間以内に終わります。結婚式では洋装が主流で、式後のビュッフェ会場には新郎新婦は韓服に衣替えして登場することが多いです。そして最後は韓国ドラマでもお約束、ラッピングされたド派手な車に乗って新婚旅行へGO！

お祝い事といえば、子供の満1歳を祝福する盛大なパーティ「トルジャンチ（돌잔치）」を開く家庭が多くありましたが、コロナで一気に減りました。最近の若者は他人のお祝い事にまで関心が高くないので、今後ますますこの風習は減っていきそうです。（鈴）

病院内にある葬儀場（장례식장）。ここで3日間、故人との別れを惜しむ

国民の一大関心事　韓国の大学入試

韓国といえば受験戦争というイメージを持つ人も多いではないでしょうか。実際に受験は国民の大きな関心事であるため、制度自体も頻繁なアップデートを経てきています。

韓国の大学入学試験には大きく分けて2つのシステムがあります。それが、随時募集（수시）と定時募集（정시）です。日本でAO入試が注目されたように、韓国でも多様な人材確保を目指して、随時募集といわれる内申点を重視した募集形態が増え続け、2021年には全入学定員の8割近くを占めるまでになりました。

日本でよく報道されるのは、韓国版のセンター試験である大学修学能力試験、通称「修能（수능）」の模様ですが、この点数で直接的に合否が決まる入試形態は定時募集なので、意外な印象を持たれる人も多いかもしれません。ちなみに定時募集では、カ群（가군）、ナ群（나군）、タ群（다군）と3つの募集期間があります。このカ・ナ・タ群に、

SKYの「S」、ソウル大学の正門。SKYは韓国トップ大学のことで、Kは高麗大学、Yは延世大学を指す

国公立大、私立大関係なくグループ分けされている形です。修能だけで合否が決まる場合、面接や実技がある場合の両方があります。

ただ、内申点重視の随時募集には、内申点を上げるための私教育の増長を招いたり、入試プロセスに主観が入ることで入試不正の温床になったりといった弊害もあります。そこで、ここ最近は修能を活用した定時募集への回帰が起こっています。特に「イン・ソウル大学」とも言われるソウルの人気大学では入学定員の4割程度が定時募集となるなど、ころころ変わる入試制度の傾向と対策に、受験生やその保護者は気が気でないというのが本音ではないでしょうか。（永）

韓国の日常お買い物事情

韓国で人気のオンラインマートアプリ、Kurlyの画面

以前はEmartやロッテマート、ホームプラスなどのマート（마트：大型スーパーマーケット）で大量買いするのが韓国人のお決まりでしたが、コロナの影響もあり、最近はオンラインを利用する人も増えてきています。中でも人気なのが、Kurly（컬리）というアプリ。珍しい生鮮食品や百貨店で取り扱いのある名高いブランド、海外の食材などが豊富なうえ、コスメも充実しているので新しいもの好きな主婦から支持されています。

ちなみに、コストコ（코스트코）はマートとして不動の1位。お肉大好きな韓国人にとってコスト

コはお肉をより安く、大量に買える格別の存在です。ちなみに、全世界で一番の売り上げを誇るのがソウルの良才（양재）店なのだとか。秋夕と旧正月の前は大量買いに拍車がかかり、1日に50億ウォンを売り上げた際はアメリカ本社からも賞賛されたと言われています。

一方、街中にも小さなスーパーはありますが、そこは「ちょっと切らしたものを買う」という立ち位置です。また、新聞配達が一般的ではない韓国では、スーパーの人がチラシをポストに入れるので、お買い得情報はそこで得ます。ただし、そこまで激戦になることはありません。それでも、1年に1、2度ある割引率の高いマートの大セールは、事前にインターネットで情報をゲットして出陣する人が多め。こちらはかなり混雑するので、覚悟のうえで挑む必要があります。（鈴）

韓国の人と働いてみた！

お仕事

コロナ禍による失業を乗り越えて
韓国のスタートアップ企業で活躍

CLASS101 事業開発担当
永井宏志郎さん

早稲田大学国際教養学部卒。東京大学大学院とソウル大学大学院修士課程を修了。国内コンサルティング会社勤務を経て、韓国に移住。CJ 4DPLEXにて4DXなどの上映システムの輸出事業に携わったのち、2020年、韓国発のオンラインレッスンプラットフォーム「CLASS101」に入社。日本展開のための多種多様な事業開発にあたっている。

新型コロナウイルス感染症の拡大は、留学や就職で韓国に来た人たちにも厳しい試練をもたらした。2019年に韓国で就職した永井宏志郎さんも、コロナ禍の影響で失業と転職を経験。彼が感じた、韓国で働くことの"リアル"とは？

取材・文／田中恵美　写真／永井宏志郎さん提供

インターネットが当たり前のインフラになった現在、ビジネスにおいても、国境を超えて成長する機会がますます広がっている。コロナ禍で世界的な不況の中でも、オンライン・ビジネスは盛況だ。そんな環境の中、韓国でグローバルなビジネスに取り組んでいる永井宏志郎さん。韓国との出会いから、ソウルへの移住、韓国で働きながら思ったことまでを、彼に率直に語ってもらった。

アメリカ留学をきっかけに朝鮮半島研究へ

永井さんが2020年から働いている「CLASS101」は、韓国発のオンラインレッスンプラットフォームだ。スタートアップ企業らしくフランクな社風の職場で、充実した毎日を送っているという。だが、彼が韓国に関心を持ち始めてから今までの道のりは、紆余曲折の連続だった。

高校卒業まで福島県で過ごした永井さん。彼が韓国と関わるようになったのは、大学でのアメリカ交換留学がきっかけだ。

「国際政治に関心があり、卒論では南アジアと中東地域の核問題をテーマにするつもりでした。ところが、アメリカで出会った韓国人の教授が『もっと近い、朝鮮半島の核問題をやってみてはどうか』と勧めてくれたんです。ならばまず言葉だと考えて、帰国後の春休みに、2週間の語学研修に参加しました。釜山の東義大学です。そこでの経験がとても楽しくて、韓国への好奇心をくすぐられました」

その後大学院に進学し「キャンパスアジア」という、日・中・韓の交流プログラムで学ぶことになった。韓国にも1年間滞在し、日本と韓国で修士号を取得。だが就職を境に、韓国とのつながりも一旦途切れてしまった。

ワーホリのはずが、正社員として就職⁉

大学院修了後はコンサルティング会社で約3年間半働き、日本で着実にキャリアを積んでいた永井さん。そんな彼を再び韓国へと導いたのは、ある「大きな挫折」だった。

「学生時代から政界での活動を目指していて、地元で少しずつ準備していました。でも、自分の心境の変化や複雑な事情が重なり、結局断念してしまったんで

若い社員が多く活気ある職場。後列中央が永井さん。「みんな自分の意見をしっかり持っていて、率直に意見交換し合える雰囲気です」

レッスン動画の撮影風景。「イラストや工芸系のレッスンでは、講師の手元をきれいに映すことが大切。常に工夫を重ねています」

スタッフ同士ニックネームで呼び合うなど、互いを尊重しつつ楽しく働ける企業文化が浸透。ハロウィンの日は仮装して勤務も

す。活動を見据えて退職も決めていたので、東京にもいられない。落ち込んでいた時ふと、楽しい思い出の残る韓国で暮らしてみようと思い立ちました」

2019年夏にワーキングホリデービザを取得し、韓国・ソウルへと旅立つ。まずは語学堂で言葉を学び直すつもりだったが、ここで思わぬ転機が訪れた。

「たまたま登録していた求人サイトから韓国企業を紹介されて、就職することに。ビザも急いで就労用に切り替えました。語学堂は、実質1ヵ月半で中退です（笑）」

彼が入社したのは、CJグループの映画関連企業。4DX（体感型上映）システムの日本への輸出を担当するチームに入ったが、未経験の分野とビジネス韓国語、二重の壁との格闘が始まった。

「語学堂でのクラスは4級でしたが、入社早々ネイティブレベルのビジネス韓国語を求められ、稟議書を書けば上司の赤字がびっしり。ただ、その上司が元日本語教師で、日本語はあえて使わないけど、僕のできないところを分かった上で指導してくれた。今思えばその添削が、韓国語学習そのものだったと思います」

コロナ禍のピンチを、転職でチャンスに変えた

入社から約半年、仕事に慣れかけた永井さんを、またも予想外の大ピンチが襲った。コロナ禍による、映画業界の深刻な不況だ。

「2020年3月から自宅待機が始まり、とうとう仕事に戻れないまま7月に退職。でも消化不良のまま帰国するのは嫌で、ビザを求職用のものに切り替え、手当たり次第に履歴書を送りまくりました」

それから約1カ月、ちょうど日本への本格進出を準備していたCLASS101への入社が決まった。永井さんはさっそく、日本向けにサービスをローカライズす

る事業に携わる。社として初めての韓国語レッスンを開講したのをはじめ、ネイルレッスンの担当になれば自ら用具を揃えて試してみるなど、あらゆる仕事に積極的に取り組んでいった。日本支社が発足した現在では、日韓を行き来しながら日本向けサービスの拡大を支えている。

日韓の橋渡し役として、
ビジネスの成長に貢献したい

日本でコンサルティング、韓国で大企業とスタートアップ、それぞれ違う環境で働き、幅広い視野でビジネスの現場を見てきた永井さん。韓国に関係する仕事をしてみたいと思う人たちに向けて、伝えたいことを聞いてみた。

「韓国のビジネスは、意志決定の速さと一気にやり遂げるスピード感が特徴です。ただ速さを重視するあまり、サービスの完成度が低いまま顧客に届いてしまうことも。今の僕の役割は、日本を知る立場から事業のプロセスに関わり、日本の顧客により満足してもらえるよう、サービスの完成度を高めていくことです。日本と韓国をつないで働く人には、自分が背負う文化や社会の背景を、韓国の人に分かりやすく伝えられるスキルが求められると思います。そこを磨いていけば、韓国で求められる人材像に近づけるのではないでしょうか」

定額制オンラインレッスン
配信サービス
「CLASS101+」公式サイト

ざっくり知りたい 韓国の**方言** 사투리

韓国のエリア別に、その土地ならではの言葉の特徴を見てみましょう。

執筆／編集部

ソウル・京畿道エリア

안녕하세요?（こんにちは）
밥 먹었어?（ごはん食べた？）

韓国の標準語（표준어）はソウル・京畿道エリアの言葉がベースで、韓国語学習書で学ぶ韓国語やニュースで使われる韓国語などがこれに当たる。「ソウルっぽい言葉」の代表例は-하구。標準語の하고（〜と）に当たり、口語でよく使われる。
【芸能人】BLACKPINK ジス、SEVENTEEN ジョンハン、TREASURE ジェヒョク、ユ・ジェソクなど

江原道エリア

안녕하시드래요?
밥 먹었나?

山がちなエリアのため、場所によって京畿道、忠清道、慶尚道、北朝鮮（咸鏡道）などの方言の影響が見られる。代表的なものに옥시기（標準語では옥수수[とうもろこし]）など。ちなみにマカ 마세요は、標準語の모두 맛있어요（全部おいしいです）のこと。
【芸能人】ウォンビン、キム・レウォン、SUPERJUNIOR ヒチョルなど

忠清道エリア

안녕하세유?
밥은 먹은겨?

語尾に-유（標準語の요）や-겨（パンマルの疑問形）が聞こえたらこのエリア！　おっとり話す人が多いイメージだそう。また、뭐여?（標準語では뭐야?）は、さまざまなニュアンスの感情を表現できて超便利。
【芸能人】ソン・ジュンギ、ジェジュン、Red Velvet ウェンディ、VIVIZ シンビなど

慶尚道エリア

안녕하싱교?
밥 뭇나?

映画やドラマでもよく登場する慶尚道エリアの方言。아이가?（標準語では아니야?）や-이소（標準語では-세요）、맞나?（「へえ」「そうなの?」の意味で使う。標準語では그래?）、므 하노?（標準語では뭐 해?）など、このエリアならではの特徴的な表現もたくさん。やや激しめの高低アクセントが特徴。
【芸能人】BTS SUGA・V・ジョングク、SEVENTEEN ウジ、aespa ウィンター、カン・ホドンなど

春川
ソウル
仁川
大田
大邱
全州
ウルサン
光州
釜山
西帰浦

全羅道エリア

안녕하셨지라?
밥 먹었냐?

全羅道エリアの方言は、語尾や感情表現のバリエーションが豊か。文の最後に-잉（例：간다잉）や-디（例：어딘디?）、-랑께（例：드리랑께）をつけると、グッとそれっぽくなる。거시기（変幻自在に使える魔法の言葉。標準語の저やユに当たる）や아따（標準語ではアイゴ）などもこのエリアらしい言葉だ。
【芸能人】BTS J-HOPE、MAMAMOO ファサ、SEVENTEEN ディノなど

済州島エリア

안녕하우꽈?
밥 먹언?

済州島の方言は、하루방（標準語では할아버지）、혼저옵서예（標準語では어서오세요）のように、標準語とは大きく異なる表現もあるのが特徴。어디 가멘?（標準語では어디 가?）のように、文の最後に멘がついたりするものも。
【芸能人】SEVENTEEN スングァン、NCT ヘチャン、THE BOYZ チュ・ハンニョン、ソユなど

最近話題の 流行語・新造語

メディアやSNSを中心に使われているここ数年の流行語や新造語・略語をご紹介！

構成／編集部

Y2K

Y2K＝Year 2000。現在、世界的に90年代後半～2000年のファッションやカルチャーに注目が集まり、Y2Kがその代名詞になっているが、韓国でも同様で、当時の雰囲気が感じられるものにはY2K 감성（Y2Kっぽさ）やY2K 스타일（Y2Kスタイル）などなど、何かとY2Kが付いている。

어쩔티비

無茶ぶりされたときや、責められたりとがめられたりして開き直るときに「知らねーし」「ほっといてよ」というニュアンスでも使う어쩌라고（どうしろって言うの？）。この어쩌라고から派生したのが어쩔티비で、어쩌라고 티비나 봐（どうしろって言うの？　テレビでも見てなよ＝興味ないからあっち行け）からきているという説もあれば、○○チャンネル、○○TVのノリで単に言葉遊び的に使われるようになったという説も。今では저쩔티비ともじったり、티비の部分を냉장고（冷蔵庫）や가습기（加湿器）など別の電化製品に言い換えるアレンジも。明るいトーンでふざけて使うことも多いワード。

점메추

점심 메뉴 추천（昼食メニュー推薦）の略で、「おすすめの昼食メニュー」のこと。점메추 부탁해!!、점메추 해 주세요と言えば「おすすめの昼食メニューよろしく」「ランチメニューのおすすめお願いします」で、お昼に何を食べたらいいかアイデアをもらうときの表現。오늘의 점메추는 갈비탕!（今日おすすめのランチはカルビタン！）のようにも使える。저메추ならば저녁 메뉴 추천で「晩ごはんのおすすめメニュー」のこと。

마기꾼

마스크（マスク）＋사기꾼（詐欺師）。マスクをはずしたらイメージしていた顔と全然違った……という様子を表す言葉。マスク生活を強いられたコロナ禍で生まれた新造語だが、マスク着用義務が緩和されている今日この頃、さらに마기꾼が増えるのかも……？　とはいえ、誰もだまそうと思ってマスクをしているわけではないのですが。ちなみに、盛り過ぎたりして自撮り写真が実物と違うことは、셀카（セルカ）と사기꾼を合わせて셀기꾼と言われます。

머선129

バラエティ番組や動画のテロップなどで頻繁にこの文字を目にした人も多いはず。무슨 일이야?（何ごとだ？）を慶尚道の方言では머선 일이고のように発音することから、일이고に音の似ている数字129（일이구）を当てた言葉遊び表現。慶尚道出身のタレント、カン・ホドンが番組内でよく口にしていたフレーズで、テロップでこのように表現されたことから、SNSなどでも多用されるように。

오히려 좋아

「むしろ良い」。ピンチの状況、思い通りの展開にならなかったときや、ミスったとき、想定外の出来事に対して「それがむしろ良い」と前向きにとらえようとする言葉。けがの功名的な意味合いもあれば、場合によっては皮肉や諦めのニュアンスが含まれることも。

킹받다

「むかつく」「腹が立つ」の意味で、열받다（頭にくる）と킹（キング）を組み合わせて作られた言葉。最高、最上級を表す킹がついたことで、「超むかつく」「めっちゃむかつく」というニュアンスに。一方、「推しがむかつくくらい爆イケ」「カッコよすぎてしんどい」なんて感情も킹받다で表されちゃいます。

가보자고

「行こうぜ！」と勢いをつけるポジティブワード。何かを始めるときやトライするとき、目標を立てたときなど、「行ってみよう！」「やってやるぞー！」「ゴーゴー！」と自分を奮い立たせたり相手を励ましたりする。

音声ダウンロードについて

『韓国語ジャーナル2023』の「Voice of KJ音声」と「学習用音声」は、すべて「アルク　ダウンロードセンター」からダウンロードしてご利用いただけます（下記パスワードが必要です）。PCでもスマートフォンでもOK！　スマートフォンでご利用の場合は、アプリ「ALCO for ダウンロードセンター」をインストールしていただくと大変便利です。

PCでダウンロードする場合

以下のURLにて「アルク　ダウンロードセンター」にアクセスの上、画面の指示に従って音声ファイル（mp3形式）をダウンロードしてください。

https://portal-dlc.alc.co.jp/

スマートフォンでダウンロードする場合

QRコードまたは以下のURLからアプリ「ALCO for ダウンロードセンター」をインストールの上、ホーム画面下「さがす」から本書を検索し、音声ファイル（mp3形式）をダウンロードしてください。音声ファイルは「聞く」のタブに収められます。

https://doc-alco.alc.co.jp/

パスワード
※ダウンロードの際に必要です。　**S5xvUQhd**

🎧Voice of KJ 2023

「Voice of KJ」は全編ナチュラルスピードの韓国語で
お届けする音声教材です。

DJ Mina Furuya ホミン (허민)

さまざまな分野でアーティスト活動を展開中。韓
国料理および韓国語教室も開催。

U (ONF) p.110

Contents

イ・チュンジュ p.119

ソン・シギョン p.128

Voice of KJ 2023について

○ 発言者の意見を尊重して収録しており、発言内容は編集部の見解・意見と
　一致しない場合もあります。
○ 日本語訳は、学習しやすいように直訳に近い訳にしています。
○「예, 네, 으, 뭐, 그냥, 이제, 인제, 이렇게」など後ろに「,」をつけたうえで
　翻訳していないものは、これらが特に意味を持たない場合です。
○ 数量を表す固有数字はすべてアラビア数字で表記しますが、-살, -달, -사람,
　-번(度、回)については、1～9をハングル表記します。
○ 次のような用法には本文で特に注をつけませんので、参考にしてください。
　★-구(～て、～して),-두(～も)→-고,-도のこと
　★같애/아퍼など→같아/아파のこと

写真：キム・ジヒョン（U、イ・チュンジュ、ソン・シギョン）、編集部（Mina Furuya ホミン）

オープニング

⬇ DL01

허민 : Voice of KJ. 안녕하세요? 〈한국어 저널 2023〉 Voice of KJ 진행을 담당하는 미나 후루야, 허민입니다.

코로나19로 많은 제한이 따랐던 3년. 이제는 마스크를 꼭 쓰지 않아도 된다고 하는데, 너무 습관이 돼서 쓰지 않으면 뭔가 허전하고 좀 쑥스럽기도 하고…. 꽃가루도 날리고 있으니 그냥 쓰자 해서 당분간은 그대로 쓸 것 같기도 하는데요.

이제 도쿄에서는 외국인 관광객들, 어린 아이를 데리고 찾아오신 가족분들 모습도 흔히 볼 수 있는데요, 오사카 난바 쪽에는 한국에서 많이 찾아오셔서 거리나 식당, 관광지에서 한국말이 심심치 않게 들린다고 합니다. 우리 독자분들 사시는 지역은 어떠신가요?

이전만큼은 아니지만 많은 사람들이 국경을 넘어서 왕래하고 있는데요. 〈한국어 저널〉 이번 호에서는요, 일본과 한국을 왔다 갔다 하시면서 활약하시는 세 분의 인터뷰를 준비했습니다.

그럼, 이번 〈한국어 저널 2023〉, Voice of KJ 라인업을 소개해 드릴게요.

먼저 〈Hot Issue〉 코너에서 최근의 화제를 소개해 드리고요, 〈KJ Interview〉 코너에선 〈한국어 저널

코로나19
新型コロナウイルス感染症

따르다
伴う、拠る、基づく

꼭
必ず、間違いなく、ぜひ

허전하다
物足りない、寂しい、心細い

쑥스럽다
気恥ずかしい、照れくさい、決まりが悪い

심심치 않게
しばしば、たびたび

왔다 갔다
行ったり来たり

ホミン : Voice of KJ。アンニョンハセヨ? 『韓国語ジャーナル2023』Voice of KJ、進行を担当するMina Furuyaホミンです。

新型コロナウイルス感染症で多くの制限が伴った3年。これからはマスクを必ずしもしなくてもいいそうですが、習慣になりすぎていて、しないと何か心細くて少し決まりが悪くもあります……。花粉も飛んでいるので続けてつけようって、しばらくはそのままつけるような気もします。

今、東京では外国人観光客、小さな子どもを連れて来られたご家族の方の姿もよく見かけますが、大阪の難波の方には韓国からたくさん訪れていて、街や食堂、観光地で韓国語がしばしば聞こえるそうです。読者の皆さんがお住まいの地域はいかがでしょうか?

以前ほどではありませんが、多くの人々が国境を越えて行き来していますね。『韓国語ジャーナル』、今号では、日本と韓国を行き来しながら活躍されている3人のインタビューを用意しました。

それでは、今回の『韓国語ジャーナル2023』、Voice of KJのラインナップをご紹介します。

まず「Hot Issue」のコーナーで最近の話題をご紹介し、「KJインタビュー」コーナーでは『韓国語ジャー

보이그룹
ボーイズグループ

선보이다
初公開する、披露する

모시다
迎える、仰ぐ

우리
私たちの。ここでは「おな
じみの」とした

맛집
おいしい店

2023〉의 표지를 장식한 6인조 보이 그룹 ONF의 일본인 멤버 U 씨, 그리고 아시아에서 처음으로 선보인 뮤지컬 〈물랑루즈!〉에서 주인공 크리스티안 역을 맡으신 이충주 씨를 모셔서 인터뷰를 한 내용을 보내 드리겠습니다.

마지막으로 우리 가수 성시경 씨의 '성시경의 〈먹을텐데〉 KJ 출장편', 오늘은 성시경 씨가 우리 독자분들에게 한국의 맛집을 추천해 주시기로 하셨으니 기대해 주시고요.
그럼, 〈한국어 저널 2023〉 Voice of KJ, 시작하겠습니다!

ナル2023』の表紙を飾った 6 人組ボーイズグループ、ONFの日本人メンバーUさん、そしてアジアで初めて公開されたミュージカル『ムーラン・ルージュ！』で主人公クリスチャン役を演じたイ・チュンジュさんをお迎えし、インタビューを行った内容をお送りします。
最後に、おなじみの歌手ソン・シギョンさんの「ソン・シギョンの『モグルテンデ』KJ出張編」、今日はソン・シギョンさんが読者の皆さんに韓国のおいしい店を勧めてくださることになりましたので、お楽しみに。
それでは、『韓国語ジャーナル2023』、Voice of KJ、始めます！

Hot Issue

⬇️DL02 **1. 満年齢**

공포되다
公布される

– 는 법
～する方法

– 자마자
～やいなや

허민: 네, 〈Hot Issue〉, 오늘은 최근에 화제가 된 뉴스에서 두 가지를 골라 봤습니다.
'만 나이'.
2022년 12월 27일, 2023년 6월부터 행정 분야 등에서 쓰는 나이를 '만 나이'로 통일하는 관련 법이 공포됐다는 뉴스인데요, 〈Hot Issue〉 첫 번째 이슈는 만 나이에 관해서 입니다.
한국에서 나이를 세는 법은 세가지가 있는데요, 첫번째는 태어나자마자 한 살이 되고 매년 1월 1

ホミン: はい、「Hot Issue」、今日は最近話題になったニュースから 2 つを選んでみました。
「満年齢」。
2022年12月27日、2023年 6 月から行政分野などで用いる年齢を「満年齢」に統一する関連法が公布されたというニュースですが、「Hot Issue」、最初のイシューは満年齢に関してです。
韓国では年齢の数え方は 3 種類ありますが、1 つ目は生まれてすぐに 1 歳になり毎年 1 月 1 日に 1 歳ず

아시다시피
ご存じのように

차이가 (差異-) 나다
差が出る

같은 또래
同じ年頃の

헷갈리다
混乱する、迷う

무조건
無条件に、絶対に、とにかく

간주하다 (看做--)
見なす

되도록
できるだけ、なるべく

일에 한 살씩 늘어나는 '세는 나이', 두번째는 현재 연도에서 태어난 연도를 빼는 '연 나이', 세번째는 태어나면 0살, 생일이 오면 한 살씩 늘어나는 '만 나이'예요. 한국에서는 아시다시피 '세는 나이'를 일반적으로 많이 쓰고 있죠. 그래서 세는 나이와 만 나이는 1살이나 많게는 2살까지 차이가 납니다. 한국에 친구가 있으신 분은 같은 또래 친구 나이가 생각보다 많아서 헷갈린 적이 있을 지도 모르겠는데요. 실제로 코로나19 예방접종을 알리는 문서라던지 행정적인 문서에는 원래 만 나이로 표기가 되어 있어서 혼란스러운 일이 일어나기도 했답니다. 그래서 이런 문서에 '만'이라는 표기가 없어도 무조건 '만 나이'로 간주한다는 것이고 일상생활에서도 '세는 나이'를 되도록 쓰지 말자라는 게 주된 내용입니다.

아, 그리고 '연 나이'는 어디에 쓰이냐면요, 초등학교 입학이나 청소년의 나이, 입대하는 나이, 그런 것에 쓰이고 있습니다.

つ増える「数え年」、2つ目は現在の年度から生まれた年度を引く「年年齢」、3つ目は生まれたら0歳、誕生日が来たら1歳ずつ増える「満年齢」です。韓国ではご存じのように「数え年」を一般的によく使っていますね。

なので数え年と満年齢では1歳か、多いと2歳まで差が生じます。韓国に友達がいらっしゃる方は、同じ年頃の友達の年齢が思ったより上で混乱したことがあるかもしれません。実際、新型コロナウイルス感染症の予防接種を知らせる文書だとか行政的な文書はもともと満年齢で表記されていて、混乱することが起きたりもしたそうです。そのため、このような文書に「満」という表記がなくてもとにかく「満年齢」と見なすということで、日常生活でも「数え年」をなるべく使わないようにしようというのが主な内容です。

あ、それから「年年齢」はどこに使われるかというと、小学校の入学や青少年の年齢、入隊する年齢、そういったことに使われています。

⬇DL03 2. 親給付金

급여
給与、給付金

자녀
子女、子ども

지급하다
支給する

허민: '부모 급여'.
한국정부가 2023년부터 만 0 살인 자녀가 있는 가정에 월 70만 원, 만 한 살인 자녀가 있는 가정에는 월 35만 원의 부모급여를 지급한

ホミン:「親給付金」。
韓国政府が2023年から満0歳の子どもがいる家庭に月70万ウォン、満1歳の子どもがいる家庭には月35万ウォンの親給付金を支給するとい

기존
既存、それまでの

영아수당(嬰兒手当)
乳児手当

출산율(出産率)
(合計特殊)出生率

– 에 불과하다(不過--)
〜に過ぎない

덜다
減らす、減ずる、和らげる

맡다
預かる、引き受ける

늘봄
「いつも春のように暖かい」と「いつも面倒見る」をかけた造語

떠안다
抱える、抱え込む

받아들이다
受け入れる、承諾する

집값
家屋の売買価格、住宅価格

다는 뉴스인데요, 〈Hot Issue〉, 두 번째 이슈는 '부모 급여'입니다. '부모 급여'라고 하면 월급 같은 느낌이 드는데요, 이건 기존의 '영아수당', 한달 30만 원이었던 금액을 대폭 늘려서 만 0살부터 만 한 살인 아이를 키우는 가정에 지급한다는 것인데요. 2024년부터는 만 0살인 아이가 있으면 월 100만 원, 만 한 살이면 월 50만 원으로 금액을 또 늘린다고 합니다.

한국은 출산율이 0.81명에 불과해서 세계 최저치 수준이고 인구도 감소하기 시작해서 정부는 이대로 가면 너무 심각한 상황이 될 것이라는 생각인데요. 그래서 아이를 키우는 가정의 경제적 부담을 덜어 주고, 또 부모의 경제활동을 지원하기 위해 초등학교에 다니는 아동을 저녁 8시까지 학교가 맡아 주는 '늘봄학교'를 운영할 계획입니다.

인구 감소 문제는 한국과 일본이 공통적으로 떠안고 있는 문젠데요, 인구 정책에 있어서 한국이 일본과 다른 점은, 앞으로 이민 정책을 담당하는 '이민청'을 신설해서 외국인을 받아들이려고 하고 있다는 점이 아닐까 싶습니다.

음, 부모 급여도 좋지만 뭐랄까요? 요즘 세대들이 제일 걱정하고 있는 것은 집값이 너무 비싸다던지 아니면 물가가 너무 비싸니까 음, 육아를 하기가 너무 힘들다고 하는 그런 점들도 정부에서 잘 정책

うニュースですが、「Hot Issue」、2つ目のイシューは「親給付金」です。「親給付金」というと月給のような感じがしますが、これは既存の「乳児手当」、月30万ウォンだった金額を大幅に増やして、満0歳から満1歳の子どもを育てる家庭に支給するというものです。2024年からは満0歳の子どもがいれば月100万ウォン、満1歳なら月50万ウォンに金額をさらに増やすそうです。

韓国は合計特殊出生率が0.81人に過ぎず世界最低値の水準であり、人口も減少し始めたため、政府はこのまま行けばあまりにも深刻な状況になるだろうという考えです。それで子育てをする家庭の経済的負担を和らげ、また親の経済活動を支援するため、小学校に通う児童を夜8時まで学校が預かる「ヌルボム学校」を運営する計画です。

人口減少問題は韓国と日本が共通して抱えている問題ですが、人口政策において韓国が日本と違う点は、今後移民政策を担当する「移民庁」を新設して外国人を受け入れようとしているという点ではないかと思います。

うーん、親給付金もいいですが、何と言うんですかね？ 最近の世代が一番心配しているのは、住宅価格が高すぎるとか、あるいは物価が高すぎるから育児をするのがとても大変だという、そんな点も政府で政策にう

에 반영을 해 줬으면 좋겠습니다.

여기까지 〈Hot Issue〉 보내 드렸습니다.

まく反映してくれたらなあと思います。

ここまで「Hot Issue」、お送りしました。

KJ Interview 1 : U (ONF)

DL04

허민: KJ Interview, 첫 번째는 6인조 보이 그룹 ONF의 <u>막내</u> U 씨입니다.

그룹 명인 ONF는 서로 <u>상반된</u> ON과 OFF가 공존하는 것처럼, 무대 위의 강렬한 ON의 모습과 <u>친근하고</u> 개성을 보여 주는 OFF의 <u>반전</u>을 매력으로 <u>삼는</u> 그룹입니다. 멤버 3명이 보컬 라인의 ON 팀, 그리고 다른 3명은 퍼포먼스 라인의 OFF 팀으로 <u>나뉘어</u>져 있다고 합니다.

2017년 미니 앨범 〈ON/OFF〉로 데뷔한 ONF는 2020년에 보이 그룹들의 서바이벌 프로그램 〈로드 투 킹덤〉에서 준우승해 실력을 <u>인정받았는데요</u>, 2021년 12월, 공백기를 최대한 줄이기 위해 U 씨를 제외한 멤버 5명이 동시에 입대한 것도 화제가 됐습니다. U 씨는 오사카 출신으로 댄스 학원에서 댄스를 배웠고 일본에서 중학교를 졸업한 뒤 한국으로 왔습니다. 그 후로 연습생이 되었다가 지금의 <u>소속사</u>를 만났다고 하는데요.

ホミン: KJインタビュー、最初は6人組ボーイズグループONFのマンネ、Uさんです。

グループ名であるONFは互いに相反するONとOFFが共存しているように、舞台上の強烈なONの姿と、親しみやすくて個性を見せるOFFのギャップを魅力とするグループです。メンバー3人がボーカルラインのONチーム、そしてもう3人はパフォーマンスラインのOFFチームに分かれているそうです。

2017年にミニアルバム「ON/OFF」でデビューしたONFは、2020年にボーイズグループのサバイバル番組「Road to Kingdom」で準優勝して実力を認められましたが、2021年12月、空白期間を最大限減らすためにUさんを除くメンバー5人が同時に入隊したことも話題になりました。Uさんは大阪出身で、ダンススクールでダンスを習い、日本で中学校を卒業した後、韓国に来ました。それから練習生になって、今の所属事務所に出会ったそうです。

막내
末っ子。ここでは「マンネ」とした

상반되다
相反する

친근하다（親近--）
ごく親しい、とっつきやすい

반전
反転。ここでは「ギャップ」とした

삼다
〜にする、〜と見なす

나뉘어지다
分かれる。나뉘어지다は二重受動表現で、適切なのは나누어지다

인정받다
認められる、認定される

소속사（所属社）
所属事務所

유창하다
流暢だ

지금은 <u>유창한</u> 한국말로 활동하고 계시는 U 씨도 한국에 처음 가셨을 때에는 많이 고생하셨을 거 같은데요, 그 당시의 한국 생활은 어떠셨는지 궁금합니다.

今では流暢な韓国語で活動されているUさんも、韓国に初めて行かれたときは大変苦労されたようですが、その当時の韓国生活はどうだったのか気になります。

📥 **DL05**

아예
初めから、絶対に、全く

초반(初盤)
当初、初め、序盤

소통
疎通、コミュニケーション

바로바로
すぐに、直ちに

U : 저는 일단은 한국어를 <u>아예</u> 모르는 상태에서 왔기 때문에 언어쪽으로 쪼끔 많이 <u>초반</u>에는 힘들었어요. 거의 뭐 '안녕하세요'도 발음도 마 '안뇨하세요' 약간 이런 느낌으로 왔기 때문에. 처음, 완전 처음부터 한국어를 배우는 단계에서 조끔 힘들었던 것 같아요. 그게 한 3개월 정도는 이제 근처에 있는 연습생 분들 그리고 뭐, 회사 분들하고 <u>소통</u>이 아예 안 되니까. 그리고 이름 외우는 게 되게 힘들었어요. (그렇죠, 그렇죠) 되게 이름이 비슷한 분들, (맞아) 연습생 분들이 많았어 가지고. 그때 이름 외우기랑 한국어, 한국어가 조끔 많이 고생을 했던 것 같아요. 근데 음식은 생각보다 잘 맞아서 매운 것도 <u>바로바로</u> 적응하게 되고 해서 다행이었던 것 같아요.

U : 僕はまず韓国語が全く分からない状態で来たので、言語面で最初はとても大変でした。「アンニョンハセヨ」も、発音もほぼ「アンニョハセヨ」という感じで来たので。最初、完全に最初から韓国語を学ぶ段階で少し苦労したと思います。それが3カ月くらい、近くにいる練習生の方々、そして会社の方々と全くコミュニケーションが取れなかったので。それに名前を覚えるのがすごく大変でした。(そうですね、そうですよね)すごく名前が似ている方々、(そうだね)練習生の方々が多くて。そのころ名前を覚えることと韓国語、韓国語がとても大変だったと思います。
でも食べ物は思ったよりよく合って、辛いものにもすぐ慣れるようになって幸いだったと思います。

한꺼번에
一度に、いっぺんに

허민 : 네, 낯선 곳에서 많은 사람들을 <u>한꺼번</u>에 만나거나 했을 때, 사람들의 이름도 많이 헷갈리셨을 거 같은데요, 이름 뒤에 '형'이나 '누나', 그리고 '사장님'을 붙여서 외워야 되니까 또 얼마나

ホミン : はい、慣れない場所でいっぺんにたくさんの人に会ったりしたとき、人の名前にもすごく混乱したと思いますが、名前の後ろに「ヒョン」や「ヌナ」、それに「社長」を付けて覚えなければならないので、また

고생하셨겠어요.
막내인 U 씨는 댄스를 잘하셔서 메인 댄서로서 그룹의 안무도 이끌어 가고 있는데요, 연습을 하면서 일본이랑은 조금 습관이 다르다고 느낀 점이 있다고 합니다. 같이 들어 보실까요?

どんなに苦労されたことでしょうか。マンネのUさんはダンスがお上手で、メインダンサーとしてグループの振り付けもリードしていますが、練習をしながら日本とは少し習慣が異なると感じた点があると言います。一緒に聞いてみましょうか？

안무(按舞)
振り付け

이끌다
率いる、導く、引く

비하인드
ビハインド、舞台裏、裏話

말실수(-失手)
言い誤り、言い損ない、失言

딱
きっぱり、びしっと

막
むやみに、やたらに

덕분(德分)
おかげ

아무래도
どうも、やはり

⬇ DL06

U : 어, 일단은 한국에 오면서 크게 느꼈던 게 '형–동생' 이런 관계에서 크게 좀 느낀 그런 비하인드가 있었거든요. 뭔가 제가 말실수를 좀 해서 형들한테. 그때 이제 딱 알았어요. 아, 이게 '형–동생'이 좀 약간 관계가 딱(정확하겠다) 했어야 되겠구나. (그렇죠) 그때부터 이제 저도 막 형들한테도 조심하게 되고 하는데. 뭔가 그래도 막내가 형들 앞에서 "이렇게 해 주세요" "이거 아니에요" 하는 게 조끔 처음에는 "아, 이거 괜찮을까?"라고 사실 생각을 했었는데, 해 보니까 형들이 잘 들어 주더라고요. 그래서 형들 덕분에, 또 잘 들어 주는 덕분에 그래도 팀이 또 잘해 나가지 않았을까 싶고. 아무래도 저도 뭔가 느낀 게 서로 이제 인정하게 되고 니까, 그런 부분에 있어서 서로 이해를 하고 그런 부분이 조끔 저희는 다 돼 있어서. 연습하는 과정에서는 제가 뭐 막내인데 (막내지만) 앞에서 막 해도 화내지도 않고 다 들어줍니

U : まずは韓国に来て強く感じたのが、「ヒョン(兄)－トンセン(弟)」、こういう関係で強く感じた裏話があったんです。僕が何か失言をして、ヒョンたちに。その時にはっきり分かりました。ああ、これは「ヒョン－トンセン」が、少し関係がはっきり（正確だろうな）しないといけないんだなって。（そうですよね）その時から僕もやたらヒョンたちにも気を付けるようになったんですけど。何か、それでもマンネがヒョンたちの前で「こうしてください」「こうじゃないです」と言うのは、最初は「これ大丈夫かな？」と実は思ったんですが、やってみたらヒョンたちがよく聞いてくれたんです。それでヒョンたちのおかげで、よく聞いてくれたおかげで、それでもチームがうまくやっていったんじゃないかなって。やっぱり僕も感じたのが、お互いに認めるようになって、ですからそういう部分においてお互い理解し合って、そういう部分が僕たちは全部できているので。練習する過程では、僕はマンネですが（マン

다.

허민 : 일본에도 선후배 관계가 있지만, 한국의 '형-동생' 관계는 조금 독특한 거 같아요. 말투라던지 태도라던지. 동생 입장으로서는 조금 신경 써야 할 점들이 많겠지만 형도 동생을 잘 챙겨 줘야만 형으로서 인정을 받을 수 있으니까요.

네, U 씨는 ONF에서 막내이기도 한데요, 형들이 병역 때문에 입대를 해서 제대할 때까지 1년 반을 혼자서 기다려야만 했습니다. 기다리는 시간, 어떤 마음으로 지내셨나요?

말투(-套)
話し方、口振り

신경(을) 쓰다
神経を使う、気を使う、気にする

챙기다
面倒を見る、準備する

ホミン：日本にも先輩後輩の関係がありますが、韓国の「ヒョン－トンセン」の関係は少し独特だと思います。話し方だとか態度だとか。トンセンの立場としては少し気を使わなければならない点が多いでしょうが、ヒョンもトンセンの面倒をよく見ないとヒョンとして認められないんです。はい、UさんはONFでマンネでもありますが、ヒョンたちが兵役のために入隊して除隊するまで1年半を一人で待たなければなりませんでした。待っている間、どのような気持ちで過ごされましたか？

ネだけど）前で強く言っても怒らずに全部聞いてくれます。

⬇ **DL07**

U : 뭔가 다 같이 활동하다가 갑자기 혼자 되면서 좀 외로워지지 않을까라는 걱정을 좀 많이 했었어요. 뭐, 밥 먹을 때도 그렇고 스케줄 할 때도 그렇고 뭐, 연습할 때도 그렇고. 어, 초반에는 그래도 아무래도 좀 외로웠는데, 그래도 형들이 연락도 자주 해 주고 또 휴가 나올 때마다 보러 와 주고 해서. 그리고 팬분들이 또 "같이 기다려 주겠다", "같이 버티자", "시간 같이 보내자" 해 주신 덕분에 조끔 그런 거는 시간이 지날수록 좀 사라진 것 같아요, 그런 걱정은.

- 다가
〜してから

아무래도
どうも、どうやら、どうせ、どうしても

버티다
辛抱する、耐える、支える

-(으)ㄹ수록
〜すればするほど

U : 何か、みんな一緒に活動していて、急に一人になって寂しくなるんじゃないかととても心配していました。ご飯を食べるときもそうですし、スケジュールをこなすときもそうですし、練習するときもそうですし。最初はでもやっぱり、ちょっと寂しかったんですけど、でもヒョンたちがよく連絡してくれるし、また休暇で出てくるたびに会いに来てくれて。それにファンの皆さんが「一緒に待ってあげる」、「一緒に耐えよう」、「一緒に時を過ごそう」と言ってくださったおかげで、そういったことは時間が経つほど消えていったと

어, 이거는 정말 다 거의 모든 멤버가 이제 공통점이 있는 게 만나자마자 몸을 보여 줘요, 근육. 그래서 막, "형 어때? 근육 붙었지?" 하면서. 사실 가서 운동을 많이 한다, 한다고 하더라고요. 그래서 아, 많이 커졌다. 근데 사실 생각보다 자주 보여 주니까 몸을. 해서 (하하하하) "똑같은 거 같은데. 전과 같은…" (그렇지) "똑같은 것 같은데요" 그러면서 했는데. 예, 좀 근육 자랑을 좀 많이 형들 다 했었던 것 같아요.

허민 : 네, 이야기를 듣기만 해도 형들과 얼마나 사이가 좋은지 정말 잘 알 수 있네요.
이제 형들이 제대하면 완전체로서 다시 활동을 시작하게 될 텐데

思います、そんな心配は。
これは本当にみんな、ほとんどのメンバーに共通点があるのが、会った途端に体を見せるんです、筋肉。それで、「俺、どうだ？ 筋肉ついただろ？」って言いながら。実際、(兵役に)行って運動をたくさんする、するんだそうです。それで、ああ、大きくなった。でも実は、思ったより、体を頻繁に見せるので。(ハハハハ)「変わらないと思うけど。前と同じ……」(そうだね)「変わらないと思いますけど」って言ったんですけど。はい、筋肉自慢をヒョンたち全員がしていたと思います。

ホミン : はい、話を聞くだけでヒョンたちとどれだけ仲がいいかが本当によく分かりますね。
これからヒョンたちが除隊したら、完全体として再び活動を始めることに

요, 막내가 본 형들의 매력을 소개해 주셨습니다.

DL08

U : ON팀 리더 효진이 형은요, 정말 보컬, 노래를 정말 잘하고요. 정말 어디 가서도 자랑할 수 있는 그런 저희만의 정말 메인 보컬. (어, 가창력) 정말 착합니다. 정말 그냥 리더 같은, 그런 다 얘기도 들어 주고. 팀을 한 번에 이렇게 정리도 해 주고. 정말 착한 그런 엄마 같은 그런 느낌입니다.

그리고 OFF팀 리더인 제이어스 형. 제이어스 형은 정말, 뭐라야 될까요? 현실적이에요. 현실적이고. 그리고 형은 춤도 잘 추고. 그 와중에 노래도 되게 잘 부르거든요. 그리고 OFF팀 리더인 만큼 어, 아까도 말했듯이 현실적으로 팀을 정리해 주는…. 예를 들어서 뭐랄까요, 멤버들이 대부분이 뭔가 "불안하다, 걱정된다, 뭐 이런 거 할 수 있을까?" 이랬을 때, 형이 정말 현실적으로 "이거는 안 될 것 같애서 이걸로 해야 될 것 같아". 그런 뭐라야 될까요? 운전사 같은, 기사 같은 그런 형이라고 할 수가 있을 것 같애요.

그리고 와이엇 형은 정말 든든해요. 근육이 있어서 그런지 모르겠

정리
整理、後片付け、取りまとめ

와중
渦中、最中

기사(技士)
(バス・タクシーなどの) 運転手。ここではドライバーとした

든든하다
しっかりしている、強い、心強い、頼もしい

なりますが、マンネが見たヒョンたちの魅力を紹介してくださいました。

U : ONチームのリーダーHYOJINヒョンは本当に、ボーカル、歌が本当に上手です。本当にどこに行っても自慢できる、そんな僕たちだけの本当のメインボーカル。(歌唱力)本当に優しいです。本当にリーダーらしい、そんな、話も全部聞いてくれますし。チームを一度でまとめてくれますし。本当に優しいお母さんのような感じです。
そしてOFFチームリーダーのJ-USヒョン。J-USヒョンは本当に、何と言えばいいんでしょう？ 現実的です。現実的で。そしてヒョンはダンスも上手ですし。そんな中、歌もすごく上手なんです。そしてOFFチームのリーダーなので、さっきも言ったように現実的にチームをまとめてくれる……。例えば何と言うか、メンバーのほとんどが何か「不安だ、心配だ、こんなことできるかな？」こういった時、ヒョンが本当に現実的に「これは上手くいかないだろうから、こっちにした方がいいと思う」。そんな、何て言えばいいんでしょう？運転手のような、ドライバーのようなそんなヒョンだと言えると思います。
そしてWYATTヒョンは本当に頼もしいです。筋肉があるからかもしれ

넘어가다
越える、見逃す、目をつぶる

지만, 네. 근육도 그렇고 되게 마음이 다 열려 있어요. 그래서 다 뭔가 일이 있을 때 다 이해를 하고 넘어가 주는 것 같은 그런 장면들을 많이 봤고. 그리고 이제 래퍼, 팀 유일하게 래퍼로서 또 잘 팀의 음악을 좀 잡고 있는 것 같아요, 확실히.

그, 그리고 이션이 형 같은 경우에는 재밌어요. 정말 뭐라야 될까요? 그런 되게 뭐라야 될까요? 되게 그런 매력이 있어요. 이게 그 안무가 다 같이 왼쪽으로 가는 안무데 다 같이 한번에 왼쪽으로 가야 되는 데, 그 형이 거기서 한 번도 틀린 적 없는데, 딱 거기 생방송에서 혼자 반대쪽으로 가는 거예요. 제가 되게 완벽주의자인데

짜증(이) 나다
いらいらする

무대는 완벽해야 된다 생각하는데, 그게 되게 짜증 나지가 않아요. (웃겨) 되게 형의, 형의 매력인 것 같고. 네. 그리고 그것도 멤버들 다 그렇고 팬분들도 다 약간 그렇게 귀엽게 보는 것 같아서

신기하다(神奇--)
不思議だ、珍しい

그런 신기한 그런 매력이 있는 것 같아요.

마지막 엠케이 형은 음악에 대해 정말 고민을 많이 하는 것 같아요. 저희 곡, 저희 곡 작업에도 많이

참여
参与、参加、立ち会い

참여를 하다 보니까 네, 음악 쪽으로 많이 하는 것 같고. 형이 또 회사 형 방에 작업실도 있거든요. 컴퓨터 있고 스피커 있고. 또 작업을

ませんが、筋肉もそうだし、すごく心が完全に開いています。なので、何か事があるときにすべて理解して進めてくれるような場面をたくさん見ましたし。そしてラッパー、チーム唯一のラッパーとして、チームの音楽を握っていると思います、しっかり。

そして、E-TIONヒョンの場合は面白いです。本当に何と言えばいいんでしょう？　そんな何と言えばいいんでしょう？　すごくそんな魅力があります。これは、その振り付けがみんなで左に行く振り付けなんですが、みんなで一気に左に行かないといけないのに、あのヒョンはそこで一度も間違えたことがないのに、生放送でしっかり一人反対側に行くんです。僕はすごく完璧主義者ですが、ステージは完璧じゃないといけない、こう思っているんですが、それがすごくいらいらしないんです。（笑える）すごくヒョンの魅力だと思いますし。はい。そしてそれもメンバーみんながそうですし、ファンの方々もみんな若干そんなふうにかわいいなと思っている気がして、そんな不思議な魅力があると思います。

最後のMKヒョンは、音楽について本当にたくさん悩むみたいです。僕たちの曲、僕たちの曲作りにもたくさん参加しているので音楽の方でたくさん悩むようで。ヒョンは、会社の部屋に作業室もあるんです。パソコンもありますしスピーカーもあって。

하는 모습을 가끔 막 보는데 아, 정말 이 형 멋있다, 약간 이렇게 생각을 하고. 이 형은 사실 팀 중에서 정말 분위기 메이커 탑입니다. 그래서 정말 재밌는 것도 많이 해 주고 따라, 뭐, 따라하고 막 그러거든요.

그래서 대기 시간이 길거나 뭐, 아니면 다 멤버들이 힘들어서 연습할 때 지쳤을 때 그 형이 텐션을 올려서 열심히 할 수 있게끔 만들어 주는 그런 분위기 메이커입니다, 엠케이 형.

탑
트, 여기서는「一番」とした

지치다
くたびれる、(へとへとに) 疲れる

－게끔
～ように

허민 : 인터뷰를 하신 분이 말씀하시길 멤버 소개를 하고 있을 때의 U 씨가 가장 행복한 표정을 지으셨다고 말씀하셨는데, 이야기만 들어도 정말 그런 기쁜 표정이 떠오르는 것 같습니다.

마지막으로 ONF 팬들, 우리 독자분들께 메시지를 부탁 드렸는데요, 한국말과 일본말로 해 주셨습니다.

표정을 짓다
表情をする、顔をする

떠오르다
浮かび上がる、浮かぶ

⬇ **DL09**

U : 일단 팀 목표는 정말 더 활발하게 활동하는 것이고요, 그리고 팬분들도 자주 만나고 싶고, 어, 지금까지 못했던 그런 콘텐츠들이 되게 여러 가지 있다고 생각을 하는데 그런 거에도 도전을 하고 싶고. 그중의 하나가 저는 진짜 하고 싶은 게 챌린지 같은 걸 되게 많이

챌린지
チャレンジ。Instagramなどの SNS に「やってみた動画」をアップすること

また、作業をする様子をたまに見るんですが、本当にこのヒョンかっこいいなと思っていましたし。ヒョンは実はチームの中で、本当に一番のムードメーカーです。それで本当に面白いこともたくさんしてくれて真似、真似したりするんですよ。

なので、待ち時間が長かったり、もしくはメンバーたちがみんな疲れて、練習するとき、疲れたとき、ヒョンがテンションを上げて頑張れるようにしてくれる、そんなムードメーカーです、MKヒョン。

ホミン : インタビューをされた方が話すには、メンバー紹介をしているときのUさんが一番幸せな表情をしていたとお話されていましたが、話を聞いただけでも本当にそんなうれしい表情が目に浮かぶようです。最後にONFファンの皆さん、読者の皆さんにメッセージをお願いしたのですが、韓国語と日本語でしてくださいました。

U : まず、チームの目標は本当にもっと活発に活動することですし、そしてファンの方々にも頻繁に会いたいし、今までできなかった、そんなコンテンツがいろいろあると思いますが、そういうことにも挑戦したいですし。その中の一つが、僕が本当にやりたいのはチャレンジのよう

찍고 싶어요. 인스타 챌린지 많이 찍고 싶고.

되게 혼자 있으면서 많이 보거든 요. 재밌는 게 진짜 많더라고요. 춤이 아니더라도 (그렇지, 맞어) 웃긴 것도 있고 막, 그런 거에 있어서 형들이 막, 형들이랑 같이 하거나 마, 제가 찍어 주거나 아니면 형들이 저를 찍어 주거나 하면서 쪼끔 더 재밌는 그런 활용을 하면서 하고 싶은 그런 생각이 좀 있는 것 같애요.

なことをすごくたくさん撮りたいで す。インスタチャレンジをたくさん 撮りたいですし。
一人でいながら、すごくたくさん見 るんですよ。面白いのが本当に多い んですよ。ダンスじゃなくても(そ うだね、そう)笑えるものもあるし、 そういうことにおいて、ヒョンたち が、ヒョンたちと一緒にしたり、僕 が撮ってあげたり、もしくはヒョン たちが僕を撮ってくれたりしながら、 もっと面白い、そんな活用をしなが らやりたいと考えています。

あの、ヒョンたちがもうすぐ帰って くるということで、何て言うんです かね？　ファンの皆さんにもっと もっと会えたらなあと思ってますし、 日本のファンの皆さんにも本当に 会いに行きたいですし。あとですね、 勉強、韓国語の勉強をしている方に 一言言いたいと思いますけど、あの、 最初、僕の経験からすると、最初だ け本当にきつくて、本当にその基礎 が作られてきたなと思ったら、あと はほんまに、本当にすぐ伸びると思 うので、あきらめずに頑張ってほし いと思います。絶対やればできる ので頑張ってください。

허민 : U 씨, 너무너무 감사합니다. ONF의 완전체 모습도 기대하겠 습니다.
여기까지 ONF의 U 씨 인터뷰 보 내 드렸습니다.

ホミン : Uさん、本当にありがとう ございます。ONFの完全体の姿も楽 しみにしています。
ここまでONFのUさんのインタ ビューをお送りしました。

KJ Interview 2：イ・チュンジュ

⬇ DL10

낡다
古い、古ぼけた、くたびれる

커다랗다
とても大きい

♪♪ <u>낡은</u> 지갑 속에 돈이 많았다면

♪♪ <u>커다란</u> 집을 지어 함께 살 텐데

♪♪ くたびれた財布の中にお金がたくさん入っていたら

♪♪ 大きな家を建てて一緒に暮らすのに

⬇ DL11

허민 : 네, 다음 순서는 지금 바로 들어 주신 목소리의 주인공이시죠, 뮤지컬 배우 이충주 씨의 인터뷰입니다. 이충주 씨는 아시아에서 처음으로 선보인 뮤지컬 〈물랑루즈!〉에서 주인공인 크리스티안 역을 맡으셨는데 지금 들으신 곡은 거기에서 나오는 노래입니다.

"어디서 들어 본 노래 같다"라고 생각하신 분 계실 텐데요, 네, <u>정답</u>은 <u>이따가</u> 인터뷰에 나올 거니까요, 조금만 기다려 주시기 바랍니다.
뮤지컬 〈물랑루즈!〉에는 <u>귀에 익숙한</u> 팝송들이 많이 등장하는데요. 팝송을 영어로 그대로 부르지 않고 한국말로 번역해서 부른다는 점도 정말 흥미롭습니다.

이충주 씨는 고등학교 때에는 바이올린을 전공하시다가 대학교 때 성악과로 진학하셨는데요. 데뷔하신 후 연극 배우와 가수로도 활약중이십니다.
먼저 이번에 출연하신 뮤지컬 〈물

정답
正答、正解

이따가
後ほど、少し後で

귀에 익숙하다
耳に慣れている、聞き慣れている

흥미롭다
興味がある(わく)、面白みがある

ホミン : はい、次は今聞いてくださったばかりの声の主人公ですね、ミュージカル俳優のイ・チュンジュさんのインタビューです。イ・チュンジュさんはアジアで初披露のミュージカル『ムーラン・ルージュ！』で主人公のクリスチャン役を演じられましたが、今お聞きになった曲はそこで出てくる歌です。
「どこかで聞いたことのある歌みたいだ」と思った方もいらっしゃると思いますが、はい、正解は後ほどインタビューに出てきますので、少々お待ちいただければと思います。
ミュージカル『ムーラン・ルージュ！』には耳慣れたポップソングがたくさん登場するのですが。ポップソングを英語でそのまま歌わずに韓国語に訳して歌うという点も本当に興味深いです。
イ・チュンジュさんは高校のときはバイオリンを専攻していましたが、大学のとき声楽科に進学しました。デビューされて以来、演劇俳優と歌手としても活躍中でいらっしゃいます。
まず、今回出演されたミュージカル

진행되다
進行する、行われる

임하다
臨む

여쭈다
申し上げる、尋ねる、伺う

줌
Zoom。Web会議サービスのソフトウェア

한
おおむね、おおよそ

이루어지다
成り立つ、構成される

물리다
噛ませる

뽑히다
選ばれる

조합
組み合わせ

랑루즈!〉에 대해서 오디션이 어떤 식으로 진행되었는지, 그리고 어떤 마음으로 임하셨는지 여쭤봤습니다.

⬇DL12

이충주 : 저희는 이제 줌 오디션 이었는데 그때 코로나가 심했어 가지고 외국의 스탭들이 다 들어올 수가 없어서 일단 1차는 뭐, 원래 그 곡이 〈물랑루즈!〉에는 한 70곡의 팝송으로 이루고, 이루어져 있거든요. 어떤 새로운 뮤지컬 작곡은 한 개도 없어요. 다 팝송이에요. 그래서 일단 그 팝송의 역량을 봐야 되기 때문에 1차 오디션은 각 배역 별 노래를 영어로 다 불렀어요, 원곡으로. 그래서 저는 아마 우리나라 뮤지컬 오디션 역사상 처음으로 영어로 된 팝송을 외국 사람들 앞에서 부르는…. 그게 1차였고 그런 다음부터는 이제 번역된 가사로 연기랑 같이 물려서 좀 오래 해, 봤어요. 굉장히 많이 봤고. 그게 또 누구는 또 금방 뽑히는 사람도 있고 또, 또 나중에 뽑히는 사람도 있을 텐데 또 조합도 보고 이러면서 또 길어지고 좀 그랬던 것 같아요.

그냥 좀 특별했어요, 이 오디션이. 그냥 내가 이거는 무조건 하고 싶다, 해야 내야겠다 싶어서 다른 오디션에 비해 다른 오디션을 이

『ムーラン・ルージュ！』について、オーディションがどのように行われたのか、そしてどんな気持ちで臨んだのかお聞きしました。

イ： 私たちはZoomオーディションだったんですが、そのころコロナがひどくて外国のスタッフが全員入国できなくて、まず一次は、元々曲が、『ムーラン・ルージュ！』はおよそ70曲のポップソングで構成されているんですよ。新しいミュージカルの作曲は１つもありません。全部ポップソングです。それでまずそのポップソングの力量を見なければならないので、一次オーディションは各配役別の歌を英語で全部歌いました、原曲で。それで、私はたぶん韓国のミュージカルオーディション史上初めて英語のポップソングを外国人の前で歌う……。それが一次で、その次からは翻訳された歌詞で演技と一緒に合わせて、少し長めに受けたんです。とてもたくさん受けて。それがまた、ある人はすぐに選ばれる人もいれば、また後で選ばれる人もいると思いますが、また組み合わせも見たりして、また長くなったりしたと思います。
ただ特別でした、このオーディションが。私はただこれは絶対にやりたい、やりきらないといけないと思って、他のオーディションに比べて、他

치열하다
熾烈だ、激しい

최선을 다하다
最善を尽くす

렇게까지 치열하게 준비는 못 해 봤던 것 같아요. 좀 그래서 내가 할 수 있는 한 최선을 다했던 것 같아요. 떨어져도 또, 후회가 없 게. 그래서 나중에 또 오라 그랬 을 때도 더 이상 보여 줄 게 있나 싶은데도 그냥 뭐 또 준비해서 가 보고.

허민 : 오디션이 7, 8개월 동안 진 행됐다고 하는데요, 그동안 계속 모티베이션을 유지하는 건 정말 쉬운 일이 아니었을 것 같네요. 이제 막상 오디션에 합격을 하시 고, 주인공인 크리스티안 역으로 출연하게 되셨는데 중압감도 어 마어마했을 것 같은데요.

막상
実際に、いよいよ、いざ

중압감
重圧感。プレッシャー

어마어마하다
ものすごい、物々しい

엄청나다
とてつもない、はなはだしい

📥 **DL13**
이충주 : 엄청났죠. 뭐, 이제 뭐, 중 압감이 엄청났고. 제가 만드는 것 도 있고 주위에서 만들어 버리는 것도 있고. 주위에서 "그냥 형이 하던 대로만 하면 돼"라고 하는데 이상하게 제가 그전까지 뭐, 주인 공을 안 해 본 것도 아닌데. (그렇 죠) 지금 생각해 보면 제가 만든 거 같기도 해요. 제가 스스로 저를 막 옭아맸던 것 같기도 한데. 연 습 기간 내내 거의 뭐, 너무 뭐, 때 때로 그게 자꾸 찾아오니까, 그 프 레셔들이. 너무 힘들고. 그럴 때마 다 스탭이랑 동료 배우들, 그리고 제가 하는 연기 이런 거에 이제

옭아매다
縛る、縛り付ける

내내
終始、ずっと

프레셔
プレッシャー

のオーディションをここまで猛烈に準備したことはなかったと思います。だから私はできる限り最善を尽くしたと思います。落ちても後悔がないように。後でまた来いと言われたときも、これ以上見せるものがあるのかと思うのですが、また準備して行ってみたり。

ホミン : オーディションは7、8カ月間行われたそうですが、その間ずっとモチベーションを維持するのは本当に簡単なことではなかったと思います。いざオーディションに合格されて、主人公のクリスチャン役でご出演することになりましたが、プレッシャーもものすごかったと思うのですが。

イ : すごかったですね。プレッシャーがすごかったですし。私が作るものもあれば、周りで作ってしまうものもあって。周りから「ヒョンがただやってきた通りにやればいいんだ」と言うのですが、不思議なことに、私がそれまで主人公をやったことがないわけでもないのに。(そうですね)今考えてみると、私が作ったような気もします。私が自ら自分を縛ったような気もするのですが。練習期間中ずっと、たまにそれがやたらと訪れるので、プレッシャーが。とても大変で。その度にスタッフや同僚の俳優たち、そして私が行う演技、こう

도움을 받아서 공연을 올렸죠.

いったものに助けられて公演を行いました。

허민: 〈물랑루즈!〉는 우리 귀에 익숙한 팝송들이 많이 등장하는데요, 이충주 씨가 가장 마음에 들어하시는 노래는 뭘까요?

ホミン:『ムーラン・ルージュ！』は私たちに耳慣れたポップソングがたくさん登場しますが、イ・チュンジュさんが一番気に入っている歌は何でしょうか？

⬇DL14

이충주: 일단, 제가 〈Your Song〉이라는 곡을 제일 좋아해요, 〈Your Song〉. 니까, 제가 오디션 첫 번째 곡이기도 했고 엘튼 존의 원래 〈Your Song〉이란 노래를 또 좋아도 했고 극중에서는 이제 크리스티안이 사틴 앞에서 처음으로 오디션을 보는 처음으로 불러주는 노래이기도 한데. 그 곡에 사틴이 이제, 마음이 움직이기도 하고 서로 알 수 없는 교류가 생기고 이런 장면에 쓰이는 곡인데. 너무 많은 곡들이 있지만 일단 제 최애곡은 〈Your Song〉이에요.

イ: まず私は「Your Song」という曲が一番好きです、「Your Song」。私のオーディションの最初の曲でもあったし、元々エルトン・ジョンの「Your Song」という歌がまた好きでもあったし、劇中ではクリスチャンがサティーンの前で初めてオーディションを受ける、初めて歌う歌でもあるんですが。その曲にサティーンが心が動かされたりもして、お互いに想定外の交流が生まれたりという場面で使われる曲ですが。とてもたくさんの曲がありますが、まず私の一番好きな曲は「Your Song」です。

엘튼 존
エルトン・ジョン（1947～）。英国のシンガー・ソングライター

최애
最愛、推し、一番好きな

확
ぱっと、さっと

신나다
面白い、浮かれる

갑자기 그 노래가 나오면서 공기가 확 바뀌어 버리죠. (맞아요) 그래서 부담도 되고 그전까지는 되게 신나는 노래 일색이다가 갑자기 피아노 반주 하나에 그냥 노래를 해야 되니까. 사실 조용한 노래를 하기가 되게 어렵거든요.

허민 : 네, 처음에 이충주 씨가 불러 주신 곡이죠. 바로 〈Your Song〉이었습니다. 정말 멋진 노래인데요.
근데, 뮤지컬 〈물랑루즈!〉는 평일엔 한 번 씩, 주말과 수요일은 두 번 씩 공연을 한다는데요, 아무리 더블 캐스팅이라고 해도 체력적으로 너무 힘들 것 같습니다. 이충주 씨는 어떻게 컨디션 조절을 하고 계실까요?

때리다
(때려の形で) むやみに〜する

📥**DL15**
이충주 : 제가 목에 좋다는 것도 다 때려 먹어 보고 막 해 봤는데. 제가 제일 강하게 느끼는 건 요즘에 진짜 제가 데뷔한 지 그래도 13, 4년이 됐는데 너무 간단한 진리는 수면 시간이에요. 수면 시간. 뭐 다른 거 다 필요 없어요. 뭐, 스테로이드도 필요 없고. 그냥 무조건 수면 시간. 그래서 요즘에는 다른 거는 아무것도 못해요. 할 수가 없고 안 하고 아예. 그냥 공연이 끝나면 집에 가서 자고. 뭐, 어느 정도의 시간을 잔 다음에 저

急にその歌が流れることで空気がガラッと変わるんです。(そうですね) それで負担にもなるし、それまではすごく楽しい歌一色だったのに、急にピアノの伴奏だけで歌わないといけないので。実は、静かな歌を歌うのはすごく難しいんです。

ホミン : はい、最初にイ・チュンジュさんが歌ってくださった曲ですね。まさに「Your Song」でした。本当に素敵な歌なのですが。
ところで、ミュージカル『ムーラン・ルージュ！』は平日に１回ずつ、週末と水曜日は２回ずつ公演を行うそうですが、いくらダブルキャストとはいえ、体力的にとても大変そうです。イ・チュンジュさんはどうやってコンディション調節をしていらっしゃるのでしょうか？

イ : 私は喉に良いというものも全部片っ端から飲んでみたりしたんですが。私が一番強く感じるのは、最近私がデビューしてから、それでも13、4年になりましたが、とても簡単な真理は睡眠時間です。睡眠時間。他のものは何も必要ありません。ステロイドも必要ないですし。とにかく睡眠時間。それで最近は他のことは何もできません。できませんし、初めからしません。公演が終わったらただ家に帰って寝て。ある程度の時間寝た後、私は８時間寝ようと思って

는 8시간을 잘려고 하는데, 만약에 그거보다 못 잤으면 그 시간이라도 계속 그냥 불 꺼 놓고 누워 있고. 어떻게든 제 주위의 모든 환경을 그렇게 만들어서, 그 시간을 깨워서 공연장에 가고. 아무것도 안 해요, 요즘에. 눈 뜨고 공연장밖에 안 가니까. 좀, 잠. 생각해 보니까 잠인 것 같아요.

허민: 그 비결이 바로 잠이었군요. 수면은 정말 모든 걸 리세트 해 주죠. <u>피곤함</u>도, 정신적 스트레스도, 잘 자면 기분이 좋아지고 몸이 가벼워지는 느낌. 저도 정말 공감합니다.

이충주 씨는 사실 일본과도 인연이 깊다고 합니다. 아버님이 대학교에서 일본어를 가르치셨고 본인도 <u>어릴 적</u>에 일본에 사신 적도 있다고 합니다. 그래서 충주 씨가 일본에서 공연하시는 것을 아버님이 아주 기뻐하신다는데요. 직접 일본어를 가르쳐 주시기도 하고요. 어떤 말을 가르쳐 주셨을까요?

📥 **DL16**

이충주: 아버지가 제가 일어, 일본 공연 할 시즌에 꼭 전화 자주 와서 「何をする?」 맨날 이래요. 하하하. 그럼 이제 일본말로 막 얘기도 좀 해 보고. 그렇게 꼭 일

いるのですが、もしそれより寝られなかったら、その分の時間でもずっと電気を消してただ横になっていますし。どうにかして私の周りのあらゆる環境をそのように作って、時間に(なったら)目を覚まして公演会場に行って。何もしません、最近。目が覚めて公演会場にしか行きませんから。睡眠。考えてみたら睡眠だと思います。

ホミン: その秘訣はまさに睡眠だったんですね。睡眠は本当にすべてをリセットしてくれますよね。疲れも、精神的ストレスも、よく寝ると気分が良くなり体が軽くなる感じ。私も本当に共感します。

イ・チュンジュさんは、実は日本とも縁が深いそうです。お父さんが大学で日本語を教えていましたし、ご本人も幼いころ日本に住んでいたこともあるそうです。それで、チュンジュさんが日本で公演されることをお父さんがとても喜んでいらっしゃるそうなんですが。直接日本語を教えてくださったりするそうです。どんな言葉を教えてくださったのでしょうか?

イ: 父は、私が日本語、日本公演をするシーズンに必ず電話をよくしてきて、「何をする?」って、いつもこうです。ハハハ。それで日本語でやたらと話をしてみたり。そうやって

피곤하다(疲困--)
疲れている

어릴 적
幼いころ

던질려고
던지려고의 것。投げよう
と

풀
フル

추임새
合いの手

본말 던질려고 하시죠, 저한테. 요즘 뭐 하나라도 더 알려 주고 싶어 가지고 일본말 계속 "이런 말은 아니? 이런 말은 아니?" 맨날 물어보세요. 아, 근데 지난번에 배웠던 건데 그냥 뭐 어떤 풀 문장을 알려 주는 게 아니니까. 그냥 추임새를 계속 그렇게 알려 줘요. 「何というか」 뭐, 이런 거. 하하하하. 이런 걸 그렇게 알려 줘요.

일단 저희 아버지는 말도 말인데 "추임새를 많이 해라. 다음 말이 기억이 안 나면 무조건 일단 '아노우' 이러고 있어라".

허민 : 추임새까지 가르쳐 주셨다고요? 정말 멋진 아버님이십니다.

네, 다시 작품에 관한 질문을 드려 볼 건데요, 이충주 씨는 뮤지컬도 하시지만 소극장에서 하는 연극 작품에도 적극적으로 출연하시는데 그 이유가 뭐예요?

⬇️**DL17**

이충주 : 그, 저는 사실 아, 지금도 마찬가지고 "이충주의 무기가 노래"로 기억되는 게 싫어요. 저는 "저 사람은…" 이게 제가 지금 그렇다는 게 아니라 그렇게 되고 싶다는 거라서. "쟤는 노래보다 연기를 잘하는 애야"라는 말을 듣는 게 제 목표예요.

必ず日本語を投げかけようとされます、私に。最近、何か一つでももっと教えたくて日本語を、ずっと「こんな言葉知ってる？　こんな言葉知ってる？」っていつも聞くんです。ああ、でもこの前習ったもので、フルの文章を教えてくれるのではなくて。ただ合いの手をずっと教えてくれるんです。「何というか」とか。ハハハハ。こういったものを教えてくれます。

うちの父は言葉も言葉ですが、「合いの手をたくさんしなさい。次の言葉が思い出せなかったら、とにかく『あのう』と言っていなさい」って。

ホミン : 合いの手まで教えてくれたんですって？　本当に素敵なお父さまです。

はい、もう一度作品に関する質問を差し上げたいのですが、イ・チュンジュさんはミュージカルもされていますが、小劇場での演劇作品にも積極的に出演されているのですが、その理由は何ですか？

イ : 私は実は今も同じで、「イ・チュンジュの武器は歌」だと記憶されるのが嫌なんです。私は「あの人は……」、これは私が今そうだということではなくて、そうなりたいということで。「あの人は歌より演技が上手い人だ」と言われるのが私の目標です。

워낙
もともと、あまりにも

경외감（敬畏感）
畏敬の念

휘두르다
振り回す、（力などを）みだりに使う

스프링 어웨이크
正しくは「スプリング・アウェイクニング」で、『春のめざめ』

하나같이
一様に

찾아다니다
探し回る、訪ね歩く

그래서 연기에 대한 갈망이 워낙 크고. 그걸 잘하는 사람들을 보면 노래 잘하는 사람들 봐도 마찬가지이긴 한데 되게 뭐라 그럴까? 경외감 같은 게 있어요. 연기 잘하는 분들 보면 "와아" 싶고. "어떻게 저 대사 저렇게 표현했을까? 난 저렇게 못 했을 것 같은데". 어, 그래서 그때, 그때 참 사람마다 그게 데뷔 작품이 진짜 중요한 것 같애요.

만약에 제가 데뷔가 뭐 노래를 휘둘러야 되는 뮤지컬의 그런 작품이었으면 또 이런 생각을 덜했을지 모르겠는데 〈스프링 어웨이크〉는 정말 연극적인 작품이었거든요.

거기 나온 지금 하나같이 다 선배들이 다 (맞아요) 대단한 (맞아요) 스타들인데 그 사람들이 연기하는 걸 데뷔 때부터 봤으니까 아무것도 모르는 저로서는 "뮤지컬은 저렇게 해야 되는 거구나. 내가 지금 연기가 부족하구나. 노래는 배워 봤었는데 연기는 안 배워 봤구나". 이렇게 시작이 된 거라서 연극 제안이 들어왔거나 연극을 찾아다니면서 하거나 했죠.

허민 : 그렇다면 이충주 씨는 작품을 고르실 때, 어떤 기준이랄까, 중요시하는 것은 어떤 점이세요?

それで演技に対する渇望があまりにも大きくて。それが上手な人たちを見ると、歌が上手な人たちを見ても同じなのですが、何て言うのかな？ 畏敬の念のようなものがあります。演技が上手な方々を見ると「わあ」ってなりますし。「どうやってあのセリフをあんなふうに表現したんだろう？ 私はあんなふうにできなかっただろうと思うんだけど」。それでその時、本当に人によってデビュー作品が本当に重要だと思います。

もし私が、デビュー作が歌を振りかざさなければならないミュージカルのそういった作品だったなら、このような考えはあまりしなかったかもしれませんが、『春のめざめ』は本当に演劇的な作品だったんです。

そこに出演した、今は一様に先輩たちが（そうです）すごい（そうです）スターなのですが、彼ら彼女らが演技するのをデビュー時から見ていたので、何も知らない私としては「ミュージカルはああしなければいけないんだな。私は今演技力が足りないんだな。歌は習ったことがあっても、演技は習ってないな」。こうやって始めたことなので、演劇のオファーがあったり、演劇を訪ね歩いては（演劇に）出たりしたんです。

ホミン : それでは、イ・チュンジュさんは作品を選ぶとき、どんな基準というか、重要視するのはどんな点ですか？

📥DL18

이충주 : 저는 성취감이요. 그거 하나밖에 없어요. 그 역할이 5분 나와도 돼요. 공연 중에 10분만 나와도 되니까 내가 이걸 했을 때 성취감이 있으면 되는데. 똑같이 10분 나왔는데 성취감이 안 느껴지는 역할도 있거든요. 그리고 "내가 오늘 뭐 했지?" 이럴 수도 있는 거고. 근데 10분을 나와도 진짜 "내가 진짜 오늘 뭘 했구나" 하는 성취감이 있는 작품이 있고. 전 성취감이 제일 중요해요.

허민 : 아, 그렇다면 이번 〈물랑루즈!〉에서는 성취감 면에서 어떠신가요?

성취감(成就感)
達成感

📥DL19

이충주 : 그 작품이 외국 크리에이터들이 하나같이 뭐, 안무, 음악, 연출팀이 똑같이 했던 얘기가 "〈물랑루즈!〉를 마라톤이라고 생각하라"고. 무슨 말인가 싶었는데 어쨌든 처음부터 끝까지 그 여정이 너무 길어요, 제가 해 보니까. 처음 막, 모놀로그부터 끝 모놀로그까지가 되게 긴 여정이에요. 그래서 그런 거 하고 나면 성취감이 어마어마하죠.

허민 : 네, 이충주 씨, 정말 잘 들었습니다. 감사합니다.

-ㄴ가 싶다
(状況や推定を不明瞭に表す語)〜のようだ
여정
旅程、道のり

イ: 私は達成感です。それ一つしかありません。その役が5分の出番でもいいです。公演中に10分出るだけでもいいから、私がこれをしたときに達成感があればいいんですが。同じように10分出たのに、達成感が感じられない役もあるんですよ。それに「私は今日何をしたんだろう?」ってこともありますし。でも、10分の出番でも、「私は今日確かに何かやった」という達成感のある作品があって。私には達成感が一番重要です。

ホミン: あ、それなら今回の『ムーラン・ルージュ!』では達成感の面でいかがですか?

イ: その作品は、外国のクリエイターたちが一様に、振り付け、音楽、演出チームが同じように言っていたのが「『ムーラン・ルージュ!』をマラソンだと思いなさい」と。どういうことかと思ったのですが、とにかく最初から最後までその道のりがとても長いんです、私がやってみたら。最初のモノローグから最後のモノローグまでがすごく長い道のりです。それでそういうことをした後は達成感がものすごいです。

ホミン: はい、イ・チュンジュさん、とてもよく聞かせていただきました。

여기까지 뮤지컬 배우 이충주 씨의 인터뷰를 보내 드렸습니다.

ありがとうございます。
ここまで、ミュージカル俳優、イ・チュンジュさんのインタビューをお送りしました。

ソン・シギョンの「モグルテンデ」KJ出張編

📥DL20

필수템
필수 아이템의 略語。必須アイテム

허민 : 다음 순서는 우리 〈한국어 저널〉 필수템, 가수 성시경 씨의 코너입니다.

성시경 씨는 우리 독자분들도 아시다시피 가수이신데, 요즘은 음식에 관한 화제로 TV를 비롯한 여러 미디어에 출연하고 계시고, 코로나19를 계기로 YouTube 쪽으로도 활동 범위를 넓히고 계십니다.

-을/를 비롯한
～をはじめとする…

넓히다
広げる、広める

이번 호에선 〈먹을텐데〉라는 인기 코너를 소개해 주실 텐데요, 성시경 씨, 〈먹을텐데〉라는 코너에 대해서 조끔 자세히 소개해 주시겠어요?

ホミン : 次は『韓国語ジャーナル』の必須アイテム、歌手ソン・シギョンさんのコーナーです。

ソン・シギョンさんは読者の方もご存じのように歌手でいらっしゃいますが、最近は食べ物に関する話題でテレビをはじめさまざまなメディアに出演されていて、新型コロナウイルス感染症をきっかけにYouTubeの方にも活動範囲を広げていらっしゃいます。

今号では「モグルテンデ」という人気コーナーを紹介してくださいますが、ソン・シギョンさん、「モグルテンデ」というコーナーについて少し詳しく紹介していただけますか?

📥DL21

대단하다
すばらしい、すごい

성시경 : 어, 뭐 이렇게, 대단한 취지에 의해서 만든 건 아니고, 그냥 제가 원래 먹는 걸 좋아하고 술을 좋아하고, 어, 내가 좋아하는 맛있는 집들을 소개하면 어떨까라는 생각에서 시작한 콘텐츠고요. YouTube는 항상 그렇지만

ソン : 何かすごい趣旨で作ったものじゃなくて、ただ私が元々食べるのが好きで、お酒が好きで、私が好きなおいしい店を紹介するのはどうかなと思って始めたコンテンツです。YouTubeはいつもそうですが、今や私も1年以上やってみて分かるんで

이제 저도 뭐 1년 좀 넘게 해 보니까 알겠는데 뭔가 뭘 해야 돼서 하면 안 되는 것 같애요.

뭔가 하고 싶을 때 해야 되고, 너무 이케 한 번에 큰 반응을 기대하거나 뭐 물론 슈퍼스타들이 있겠지만 이렇게 하면 이렇게 되겠지 이런 거라기보다 그냥 일기 쓰듯이 내가 자신 있고 내가 좋아하고 내가 잘하는 거 하고 싶은 거를 계속 쌓아 나가는 게 YouTube인 것 같은데. 그런 의미에서 제가 쌓아 왔던 집들을 이렇게 하나씩 소개하는 그런 방송이었는데 큰 인기를 얻어서 되게 좋았죠.

이케
이렇게의 방언. 이와 같이, 이렇게

허민 : "일기 쓰듯이 계속 쌓아 나가는 것이 YouTube", 성시경 씨가 성실히 YouTube에 임하는 자세에 대해 정말 잘 표현하신 거 같습니다.

성시경 씨는 대학생 때부터 맛집을 돌아다니는 것을 좋아하셨고 그래서 맛집에 관한 지식, 정보를 어마어마하게 가지고 계시는데, 일본에선 한국 음식 중에 닭갈비가 여전히 인기가 있는데, 한국에서는 닭을 이용한 요리의 트렌드가 바뀌었다고 합니다. 무슨 이야긴지 들어 보시죠.

돌아다니다
걸어 돌아다니다, 돌다

여전히 (如前-)
依然として、相変わらず

📥DL22

성시경 : 한국 사람은 막 변화를

すが、何かをしなければいけないと思ってやると上手くいかないと思います。

何かしたいときにやらないといけないし、一度でこうとても大きな反応を期待したり、もちろんスーパースターもいると思いますが、こうすればこうなるだろうというより、ただ日記を書くように、自分が自信があって、自分が好きで、自分が得意なこと、やりたいことをずっと積み重ねていくのがYouTubeだと思うのですが。そういう意味で、私が積み重ねてきた店をこうやって一つずつ紹介する番組だったんですが、とても人気が出てすごく良かったです。

ホミン : 「日記を書くように、ずっと積み重ねていくのがYouTube」、ソン・シギョンさんが誠実にYouTubeに臨む姿勢について、本当によく表現されたと思います。

ソン・シギョンさんは大学生のころからおいしい店を食べ歩くのがお好きで、それでおいしい店に関する知識、情報をものすごく持っていらっしゃいますが、日本では韓国料理の中でタッカルビが相変わらず人気がありますが、韓国では鶏を使った料理のトレンドが変わったそうです。どういった話なのかお聞きください。

ソン : 韓国人はやたらと変化が好き

닭집
鶏料理の店

백숙(白熟)
水煮、水炊き

허벅지
内もも

양념
薬味、味付け、ヤンニョム

세미계
ソウル漢南洞に本店がある
鶏料理専門店の名前。セミゲ
(細尾鶏)

추세
趨勢、勢い、流れ

눈이 가다
視線が向く、目が届く

궁합(宮合)
相性。ここでは「ペアリング」とした

좋아하니까. 닭집들이 많이 생겨나고 있고, 요즘에. 외식업에서 야키토리라든가 닭을 이제, 부위별로 이렇게 일본은 원래 옛날부터 부위별로 야키토리가 있었지만, 우리는 그냥 닭, 이케 찜닭 아니면 그냥 뭐 닭갈비, 뭐 닭 삼계탕, 백숙 이런 거지, 날개 따로 목 따로 허벅지 따로를 안 했단 말이에요. 근데 소비 형태가 점점 고급화되는 거지. 그래서 우리도 요즘에 그런 류의 닭 전문점들이 많이 생겨나고 있으니까 약간 일본식인데 양념 구이, 그냥 구이…. '세미계'라든가 뭐, 몇 군데 생겼거든요. 근데 그러면서 사실 닭갈비는 많이 없어진 추세죠, 한국에서는.

허민 : 네, 새로운 닭고기 요리도 맛보고 싶은데요, 〈먹을텐데〉를 보니까 음식 옆에 있는 술에 눈이 더 가더라고요. 감자탕을 드실 때에는 소주, 전을 드실 때 막걸리가 있었는데요. 성시경 씨가 좋아하시는 음식과 술의 궁합은 어떤 것이 있나요?

⬇ DL23

성시경 : 재밌는 건 우리나라 '치맥'이라고 하잖아요? 치킨에 맥주. 치킨에 맥주가 아주 유행하고 있는데. 부산 쪽에 경상도 쪽에 가시면 다 치킨에는 소주를 드세요.

ですから。鶏料理の店がたくさんできていますし、最近。外食業界で焼き鳥だとか鶏を部位別にこうやって、日本はそもそも昔から部位別に焼き鳥がありましたが、韓国はただ鶏のチムタク、もしくはタッカルビ、鶏のサムゲタン、水炊きとかであって、手羽先だけ、首だけ、モモだけとはしなかったんですよ。でも消費形態がどんどん高級化していって。それで私たちも最近、そういう類の鶏専門店がたくさんできていますので、ちょっと日本式なんですが、ヤンニョム焼き、ただ焼いたもの……。「セミゲ(細尾鶏)」とか何カ所かできたんですよ。でもそれで実はタッカルビは流れとしてだいぶなくなってきてるんですよ、韓国では。

ホミン : はい、新しい鶏肉料理も味わいたいのですが、「モグルテンデ」を見ると食べ物の横にあるお酒に視線がもっと向くんです。カムジャタンを召し上がるときには焼酎、チヂミを召し上がるときにマッコリがありましたが。ソン・シギョンさんのお好きな食べ物とお酒のペアリングにはどういったものがありますか?

ソン : 面白いのは韓国の「チメク」って言いますよね？　チキンにビール。チキンにビールがとても流行っているんですが。釜山の方に、慶尚道の方に行くと、皆さんチキンには焼

부치다
(油を使って)焼く

익다
熟す、(食べ物に)火が通る

근데 제가 생각할 때 소주가 相性가 훨씬 좋아요. 튀김이니까 무겁잖아요. 까 소주가 훨씬 잘 어울리는. 까 꼭 룰 같은 건 없어요. 비가 오면 이제 지지미, 파전을 부쳐서 빗소리랑 전이 익는 소리랑 비슷하니까. 전에다가 막걸리를 먹는다든가 순댓국에 소주를 먹는다던가 그런 이제 우리나라만의 페어링이 있기는 하죠.

가리다
選ぶ、選り分ける、好き嫌いをする

–는(은) 편(便)
(傾向として)〜の方

맞추다
合わせる、整える

소맥
소주(焼酎)と맥주(ビール)を混ぜた飲み物。ソメク

저는 그냥 안 가리는 편이라 음식에 술을 맞추든지 술에 음식을 맞추든지. 그리고 저는 막 섞어 먹는 것도 좋아하는 편이라. 근데 저는 소맥은 잘 안 먹어요. 소주 먹고 체이서로 맥주를 마셔요. 섞지 않고. 이게 섞으면 너무 맛이 없어요. 소주 맛도 안 나고 맥주 맛도 안 나고. (응)

짠 하다
乾杯する

어찌나
-ㄴ(는)지を伴って、感嘆と疑問を同時に表す。どれほど

시범적(示範的)
試験的

허민: 저도 성시경 씨의 〈먹을텐데〉 채널을 자주 보고 있는데요, 이렇게 보고 있으면 저도 같이 맥주 잔 들고 짠 하고 싶은 기분이 들 정도로 정말 어찌나 맛있게 드시던지. 후후.

그러고 보니, 성시경 씨가 YouTube에서 새로운 코너를 또 하나 시범적으로 운영하신다고 합니다. 어떤 콘텐츠인지 한번 들어 보실까요?

酎を召し上がります。でも私が思うに、焼酎の方が相性がはるかに良いです。揚げ物だから重いじゃないですか。だから焼酎の方がずっとよく合うんです。ですから必ずしもルールなんかはないんです。雨が降ればチヂミ、チヂミを焼いて、雨音とチヂミに火が通る音が似ていますから。チヂミにマッコリを飲んだり、スンデククに焼酎を飲んだり、そういう韓国だけのペアリングはあったりもします。

私は好き嫌いがない方なので、食べ物にお酒を合わせようが、お酒に食べ物を合わせようが。それに私は混ぜて(それぞれ)飲むのも好きな方なので。でも私は、ソメクはあまり飲みません。焼酎を飲んでチェイサーでビールを飲みます。混ぜずに。これを混ぜるととてもまずいんです。焼酎の味もしないし、ビールの味もしません。(うん)

ホミン: 私もソン・シギョンさんの「モグルテンデ」のチャンネルをよく見ていますが、こうやって見ていると、私も一緒にジョッキを持って乾杯したい気分になるほど、本当にすごくおいしそうに召し上がっていたんです。フフ。

そういえば、ソン・シギョンさんがYouTubeで新しいコーナーをもう一つ試験的に運営されるそうです。どんなコンテンツなのか、一度お聞きになってみますか?

이번 주
収録時の「今週」

성시경：이번 주에 처음 나가는데 이제, 그냥 한번 해 봤어요, 〈성시경의 일본어 강좌〉라고. 한번 어떨까 반응이. (예, 예) 그래서 가볍게 이제 가사를 소개하는 일본어를 좀 설명하면서 그래서 만약에 이게 뭐, 진짜 한 10만 명 이상 보고 좋아하면 저는 가사 설명하는 걸 워낙 좋아해서 팝송이 됐건 일본 노래가 됐건. 그리고 제가 지금까지 일본에서 부른 일본 노래들도 뭐, 〈Life is…〉라던가 〈君がいるよ〉라던가 뭐, 커버한 곡들이 많으니까. 〈One more time, 그, One more chance〉 그거 誰だったっけ, 山崎 (山崎まさよし)まさよしさんのその曲もあるし. 가사가 너무 좋으니까. 그냥 가사를 소개해 주고 노래를 불러 주는 걸 한번 해 볼까 해서. 일단 내일은 玉置浩二 〈しあわせのランプ〉っていう曲를 가사 설명을 한번 해 보고 노래를 불렀거든요. 그래서 그다음 날 노래가 나가고. 그래서 한글, 〈한국어 저널〉〈일본어 저널〉처럼 성시경의 You Tube에서 한번 일본어 해 볼까 고민 중이에요.

허민：네, 〈성시경의 일본어 강좌〉. 저도 잠깐 봤는데요, 가사 내용만 소개하는 것이 아니라 문법도 자세히 설명하시고, 반대로 한국어를 공부하시는 분들께도

ソン：今週初めて出るんですけど、ただ一度やってみたんです、「ソン・シギョンの日本語講座」という。一度どうかな、反応はと。(はい、はい)それで軽く、歌詞を紹介する日本語を説明しながら、それでもしこれが、本当に10万人以上が見て喜んだら、私は歌詞の説明をするのが大好きなので、ポップソングであれ日本の歌であれ。それに、私が今まで日本で歌った日本の歌も「Life is…」とか「君がいるよ」とか、カバーした曲が多いですから。「One more time, One more chance」、それ誰だったっけ、山崎(山崎まさよし)まさよしさんのその曲もあるし。歌詞がとてもいいので。ただ歌詞を紹介して歌を歌うのをやってみようかと思って。とりあえず明日(公開する動画で)は玉置浩二の「幸せのランプ」っていう曲を、歌詞の説明を一度してみて、歌を歌ったんです。それでその次の日に歌が流れて。なのでハングル、『韓国語ジャーナル』『日本語ジャーナル』のように、ソン・シギョンのYouTubeで一度日本語をやってみようかと悩んでいるところです。

ホミン：はい、「ソン・シギョンの日本語講座」。私もちょっと見たのですが、歌詞の内容だけを紹介するのではなく、文法も詳しく説明されていて、逆に韓国語を勉強されている

도움이 되겠다는 생각이 들었습니다.

아주 바쁘게 지내신다는 성시경 씬데요, 이제 코로나19로 인한 제한이 없어졌으니까 <u>조만간</u> 직접 뵐 기회도 많아질 것 같습니다. 많이 기대하고 있을게요.

그럼, 성시경 씨, 우리 독자분들께 메시지 부탁 드릴게요.

조만간(早晩間)
그러는지에, 早晩

方にも役立つと思いました。

とても忙しく過ごされているというソン・シギョンさんですが、もう新型コロナウイルス感染症による制限がなくなったので、近いうちに直接お会いする機会も多くなりそうです。とても楽しみにしていますね。
では、ソン・シギョンさん、読者の皆さんにメッセージをお願いします。

⬇**DL25**

성시경 : 'ようこそ韓国へ'죠. 뭐, 진짜 너무너무 좋은 일이고요.

ソン:「ようこそ韓国へ」ですね。本当にとてもとても良いことです。

PD
프로듀서의 것。プロデューサー

얼마 전에 우리 아는 PD가 오사카에 촬영을 하러 갔는데 한국 사람이 너무 많아서 깜짝 놀랐다고. 일본 분들도 한국에 너무 많이 오셨으면 좋겠어요. 명동에, 가로수길에, 홍대에. 아니면 〈먹을 텐데〉 먹방 투얼 하러 오셔도 되고. 뭐 여러 가지 정치적인 문제도 있고 서로 싫어한다는 사람들도 있지만 좋아하는 사람이 훨씬 많습니다. 한국은 일본을 좋아하고 일본은 한국을 좋아해 줬으면 좋겠어요.

먹방
먹는 방송 (食べる放送) 의 略語。モッパン

그래서 아마 그런 분들이 〈한국어 저널〉을 보시는 게 아닐까 싶어서. 그리고 언어를 사랑해 주려고 한다는 건 저는 그게 스베트라고 생각해요. 제가 국제 결혼 하는 커플들한테 항상 얘기가, 하고 하거든요. 상대방의 언어를 공부해야 된다고. 그게 사랑의 표현이다. 근데 대부분 이제 영어로 하던지 아니면 한 사람의 나랏 말로 하잖아요. 근데 그러면 안 되는 것 같애요. 이 언어를 공부한다는 건 나는 너를 좋아하고 이해하겠다라는 의지가 있는 거잖아요. 그래서 이 〈한국어 저널〉을 보는 분들은 다들 한국을 좋아하고 사랑하고 이해하려고 하는 분들이기 때문에 너무 감사하다는 말씀을 드리고 싶고. 저도 더더욱 일본어 공부를 열심히 하도록 하겠습니다.

더더욱
더욱의 強調語。一層、さらに

先日、私の知り合いのプロデューサーが大阪に撮影しに行ったのですが、韓国人が多すぎてびっくりしたと。日本の方も韓国にすごくたくさんお越しになったらいいなと思います。明洞に、カロスキルに、弘大に。もしくは「モグルテンデ」のモッパンツアーをしに来られてもいいですし。まあ、いろんな政治的な問題もあるし、お互いに嫌いだという人もいますが、好きな人がはるかに多いです。韓国は日本が好きで、日本は韓国が好きでいてくれたらいいなと思います。

それで、おそらくそういう方々が『韓国語ジャーナル』をご覧になっているんじゃないかと。それに、言葉を愛そうとしていることは、私はそれがすべてだと思うんです。私は国際結婚するカップルにいつも話すんですよ。相手の言葉を勉強しなければならないと。それが愛の表現だと。でもほとんどが英語で話すとか、あるいは片方の国の言葉で話しますよね。でも、それではダメだと思います。この言葉を勉強するというのは、私はあなたが好きで理解しようとする意志があるということですよね。ですから、この『韓国語ジャーナル』をご覧になっている方はみんな韓国が好きで、愛していて、理解しようとしている方々なので、とても感謝していると申し上げたいですし。私も一層日本語の勉強を頑張りたいと思います。

허민 : 성시경 씨, 오늘도 소중한 메시지, 감사합니다.

지금까지 성시경 씨 인터뷰, 들어 주셨습니다.

ホミン : ソン・シギョンさん、今日も大事なメッセージ、ありがとうございました。
ここまでソン・シギョンさんのインタビュー、お聞きいただきました。

エンディング

⬇ DL26

허민 : Voice of KJ. 이제 엔딩입니다.
이번 호에 등장해 주신 ONF의 U 씨, 뮤지컬 배우 이충주 씨, 가수 성시경 씨, 인터뷰 어떠셨는지요?

인터뷰에 협력해 주신 우리 세 분께 다시 한번 감사 드립니다.

저는 개인적으로는 <u>앞으로</u> 한국과 일본이 코로나19 이전으로 돌아가서 다시 활발한 교류가 이어졌으면 하는 <u>바램</u>이 있습니다.
지금까지 미나 후루야, 허민이 같이 했습니다. 감사합니다.
그럼, 건강하게 지내시고요, 다음 〈한국어 저널〉에서 다시 뵙겠습니다.
안녕히 계세요!

앞으로
これから

바램
正しくは바람。望み、希望

ホミン : Voice of KJ。もうエンディングです。
今号に登場してくださったONFのU さん、ミュージカル俳優のイ・チュンジュさん、歌手のソン・シギョンさんのインタビューはいかがでしたか？
インタビューに協力してくださったお三方にもう一度感謝を申し上げます。
私は個人的には、これから韓国と日本が新型コロナウイルス感染症以前に戻って、再び活発な交流が続いてくれたらという願いがあります。
ここまでMina Furuyaホミンがご一緒しました。ありがとうございます。
それでは、お元気で、次回の『韓国語ジャーナル』でまたお目にかかります。

アンニョンヒ ケセヨ！

韓国語ジャーナル
한국어 저널
2023

発行日　2023年4月13日
定価　　2,310円(本体2,100円＋10%税込)

編集
株式会社アルク　出版編集部
美野貴美

河井佳

編集協力・Voice of KJ 2023構成
コーディネートワン・インターナショナル

校正
山崎玲美奈

表紙モデル
U (ONF)

Voice of KJ 2023 DJ
Mina Furuya ホミン

録音
メディアスタイリスト

音声編集
Niwaty

ナレーション
イ・ジェウク／Mina Furuya ホミン

デザイン・DTP
洪永愛 (Studio H2)

表紙裏イラスト
shoko wada

印刷・製本
シナノ印刷株式会社

発行者
天野智之

発行所
株式会社アルク
〒102-0073
東京都千代田区九段北4-2-6　市ヶ谷ビル
Website：https://www.alc.co.jp/

[編集後記]

2022年の年末、成田便が取れず大阪経由で韓国に行きました。その際に寄った難波は韓国の人だらけ。ソン・シギョンさんが「日本の人も韓国に너무 많이 왔으면 좋겠다」とメッセージを伝えてくれています。今号のKJがその一助になれば幸いです(は)

表紙を飾ったUさんの流暢な韓国語に感動し、気が付けばONFの深掘りをしている毎日。掘れば掘るほど実力もさることながら本当にステキなグループでした！　ヒョン達の除隊、そして完全体の復活が待ち遠しい！　今号の制作でまた推しが増えました♡(永)

ソン・シギョンさんから、ついにコンサートができた喜びを聞ける日がやってきてうれしかったです。前回の取材時は47万人だったYouTube登録者数が126万人に激増していたのも驚き。ダイエット企画も待ち遠しい(藤)

韓国語の学習書やラジオやテレビなどを通してお会いしたことがある方々と、このKJ2023でもご一緒できていたらうれしいなと、本の中から見てくださる方を見つめるような気持ちです。またお目にかかれますように！(玲)

コロナ前はミュージカル鑑賞のため頻繁に渡韓。この3年半、見たい作品を見逃し続けて捻くれモードだったけど、イ・チュンジュさんのお話を聞いて封印していた韓ミュ熱が再燃！　上演スケジュール調べ始めました(よ)

次に韓国へ行くときここは絶対見るんだ、あれを食べたいな、あの人たちにも会わなきゃ……と、伸びに伸びているTO DOリスト。1回の旅行でリストを全部消化するのは難しそうなので、これから何度も韓国を訪れられたらいいなと思っています。セブチの聖地も巡らないとね(た)

©2023 ALC PRESS INC.
Printed in Japan.
PC：7023007
ISBN：978-4-7574-4101-9

地球人ネットワークを創る

アルクのシンボル
「地球人マーク」です。